고객을 부르는

카드
뉴스
마케팅

f
ⓞ
N

고객을 부르는

카드
뉴스
마케팅

이은지·황고운 지음

생각비행

콘텐츠를 담는 새로운 그릇, '카드뉴스'

온라인 서비스 환경이 급변하는 사이 많은 사람이 모바일 기기를 통해 콘텐츠를 접하고 소비한다. 이동 중에도, 식사 중에도, 쉬는 시간에도 사람들은 모바일 기기를 통해 많은 정보를 접하고 있다. 스마트폰과 같은 모바일 기기는 우리의 삶을 엄청나게 변화시켰다. 과거 교육적인 콘텐츠를 활용하는 데 PC가 적합했다면, 모바일 유저들은 좀 더 즉각적이며 생생한 정보를 얻고 싶어 한다. 블로그가 성행하던 시절처럼 텍스트와 이미지를 반복적으로 배치해서 만든 콘텐츠에서 벗어나 세련된 감각으로 소비자에게 접근해야 한다.

급변하는 모바일 환경에 최적화된 콘텐츠 형태로 '카드뉴스'를 꼽을 수 있다. 네이버나 다음 같은 포털 사이트부터 페이스북, 인스타그램, 카카오스토리 등의 뉴미디어에 이르기까지 많은 채널이 카드뉴스 형태의 콘텐츠를 공유하고 있다. 이는 카드뉴스의 '효율성'을 다양한 채널이 인지하고 있다는 사실을 방증한다. 포털 메인에 〈카드뉴스 모아보기〉라는 코너가 상용화된지 이미 오래되었다. 또한 카드뉴스를 제작하는 툴이 서비스되어 인기를 얻고 있기도 하다. 이 때문에 수많은 마케터와 기업들이 카드뉴스를 마케팅에 접목하기 위해 다각적인 시도를 하고 있다.

하지만 카드뉴스를 만드는 많은 사람이 간과하는 사실이 있다. 카드뉴스는 오로지 콘텐츠를 담아내는 틀에 불과하다는 것이다. 만약 카드뉴스라는 형식 자체에 의존한다면, 오히려 콘텐츠의 효율성을 떨어트릴 수 있다. 예쁜 디자인과 화려한 이미지로 치장했더라도 소비자의 니즈에 부응하지 못한다면 연목구어緣木求魚에 지나지 않는다. 반면 카드뉴스의 특성을 제대로 이해하고 잘 활용한다면, 자본을 크게 들이지 않더라도 마케팅 효과를 극대화할 수 있는 최선의 도구가 될 수 있다.

나는 카드뉴스 세계에 뛰어든 수많은 기업과 개인에게 이 책을 통해 전하고 싶은 메시지가 있다. '소비자가 원하는 정보'와 '제품(서비스)'을 자연스레 연상지을 수 있는 콘텐츠를 만들어내는 것이 마케팅의 해답이라는 것이다. 콘텐츠를 어떤 그릇에 담느냐도 중요하지만, 어떤 콘텐츠를 담아내느냐가 더 중요하다. 맛집으로 소문난 음식점에 가서 우리는 이 평범한 진리를 깨닫곤 한다. 낡은 그릇에 담겨 있더라도, 우리 입맛에 맞으면 그만이다. 그러니 콘텐츠의 형태에 집착하기 이전에 콘텐츠의 질을 극대화하는 데 힘을 기울여야만 한다. 질 좋은 콘텐츠가 '카드뉴스'라는 새로운 그릇을 만난다면, 그때서야 마케팅 효과가 극대화될 것이다. 거기에 콘텐츠가 인기를 얻는 까닭은 한 가지만 뛰어나다고 되지 않고 여러 요소가 복합적인 성과를 만들어낸다는 사실을 덧붙이고 싶다. 질 좋은 콘텐츠를 카드뉴스라는 그릇에 예쁘게 담는 것도 좋지만, 그것을 업로드할 채널의 특성을 파악해 어떻게 고객을 확보할지에 대한 채널별 전략을 세우는 것도 매우 중요하다.

이 책은 카드뉴스의 니즈를 느끼는 사람들이 소재를 발굴하고 내용을 다듬고 콘텐츠를 제작하는 실무에 이르기까지 전 과정을 손쉽게 따라할 수 있도록 배려하여 만들어졌다. 이런 것들을 힘들어하는 사람들을 위해서 콘텐츠를 자동으로 편리하게 만드는 툴까지 소개하고자 한다.

두려워하지 말고 카드뉴스를 통해 소비자들과 소통하며 마케팅의 가능성을 점차 확장해나가기 바란다. 우리가 100만 명에게 도달하는 것이 목표가 아니라면 정보를 제대로 전달하는 것에만 집중하면 된다. 굳이 일러스트나 포토샵을 쓰지 않고도 파워포인트라는 손쉬운 툴을 이용해 쉽고 용이하게 카드뉴스를 제작할 수 있다. 부담 갖지 말자. 좋은 콘텐츠는 수백만 명의 구독자에게 전달된다. 자 이제 시작해보자. 오로지 한국에서 꾸준하게 인기를 얻고 있는 독특한 콘텐츠 유형인 카드뉴스의 세계로 말이다. 부디 이 책이 당신에게 좋은 멘토가 되기를 바란다.

이은지·황고운

차례

1

카드뉴스
파헤치기

의외로 많은 사람이 카드뉴스의 정의를 모르고 이 세계에 뛰어들고 있다. 기업이든 언론사든 사회관계망서비스SNS상에서 채널을 가지고 있는 곳 대부분의 기관에서는 카드뉴스라는 새로운 형태의 콘텐츠를 쏟아내고 있다. 급변하는 모바일 환경에서 새로운 시도를 수용하고 적용하고자 할 때는 먼저 매체의 정의를 명확하게 이해하고 제작할 필요가 있다. 눈앞에 보이는 것이 카드뉴스의 전부가 아니기 때문이다. 카드뉴스를 제작하기 위해서는 생각보다 많은 시간이 든다. 또한 카드뉴스 형태로 콘텐츠를 제작한다고 해서 무조건 많은 사람이 관심을 보이는 것도 아니다. 뉴스라는 속성을 명확하게 이해하고 넘어가야 비로소 올바르게 사용할 수 있기 때문이다.

01 카드뉴스란 무엇일까?

일반적으로 카드뉴스란 '전달하고자 하는 정보를 간결한 글과 여러 장의 이미지로 압축해 전달하는 콘텐츠 형태'를 뜻한다. 즉 카드뉴스는 하나의 '콘텐츠 형태'이고, 이 콘텐츠 형태는 '간결한 글과 여러 장의 이미지'로 구성되어 있는 것이 특징이라는 의미다.

카드뉴스 콘텐츠는 대부분 10~20장 내외로 구성되어 있다. 첫 장은 전체를 포괄하는 제목과 이미지, 그 뒤는 관련 내용이 뒤따른다. 이런 식의 내용 구성은 우리가 흔히 봐왔던 웹툰이나

카드뉴스 이미지 예시
근래 SNS 채널과 국내 대형 포털에서 자주 보이는 콘텐츠 형태인 카드뉴스

분류	콘텐츠 특징	구성에 필요한 재능
웹툰	세로로 긴 이미지 파일 형식의 만화	디자인 능력 필수
영상	사용자가 직접 촬영/편집하는 콘텐츠	영상 편집 능력 필수
포스트	웹상에 기록하는 일지	논리력과 필력이 좋으면 유리
카드뉴스	짧은 글과 여러 장의 이미지로 구성	콘텐츠 발굴 능력

카드뉴스와 기존 콘텐츠 형태 비교
카드뉴스는 다른 콘텐츠 형태에 비해 접근이 용이하다.

블로그의 구성과 상당히 유사한 면이 있다. 웹툰이 이미지 중심이고 블로그가 텍스트 중심의 매체라면 그 사이에 존재하는 콘텐츠 형태가 카드뉴스라고 이야기할 수 있다. 카드뉴스를 좀 더 명확하게 이해할 수 있도록 위에 카드뉴스 이전의 콘텐츠 형태를 간단히 표로 정리했다.

　카드뉴스가 등장하기 이전에 우리가 흔히 접했던 웹툰, 영상, 블로그 포스트는 작성자의 재능이 상당히 중요했다. 웹툰의 경우 제작을 위해 기본적인 디자인 능력뿐 아니라 관련 기기를 다룰 수 있어야 한다. 영상 콘텐츠의 경우도 마찬가지로 일반인이 다루기 어려운 프리미어 같은 영상편집 프로그램을 능숙하게 다룰 줄 알아야 한다. 이 때문에 쉽게 다가갈 수 없고, 프로 제작자만이 우수한 결과물을 창출할 수 있었다. 한편 블로그 포스트는 주로 텍스트를 중심으로 작성되기 때문에 웹툰이나 영상보다는 접근하기가 수월하다. 그러나 파워 블로거나 홍보를 전문으로 하는 사람들이 쏟아내는 다양한 콘텐츠에 밀려 제대로 검색조차 안 되기 일쑤다. 정보의 바다에서 살아남아 이웃과 구독자를 보유한 블로거는 대개 꾸준히 콘텐츠를 올렸거나 글솜씨가 아주 좋은 사람들이다. 따라서 블로그 포스트 또한 기술과 재능이 없으면 승부하기 어려운 콘텐츠라 볼 수 있다.

이에 반해 카드뉴스는 글, 이미지, 영상 등을 뛰어나게 제작하는 능력은 크게 필요치 않다. 다양한 소재를 적절히 조화시키는 편집능력이 더 중요하다. 카드뉴스를 만들 때 제일 중요한 것은 소재를 발굴하고 가공하여 전달력이 높은 콘텐츠로 변환하는 능력이다. 손쉽게 이용 가능한 '파워포인트' 프로그램 하나 만으로도 누구든지 빠르게 콘텐츠를 만들어낼 수 있다. 이런 특성 때문에 카드뉴스는 진입장벽이 높지 않은 콘텐츠 형태라고 볼 수 있다. 최근에 카드뉴스가 각광을 받는 이유이기도 하다.

02 카드뉴스의 종류

카드뉴스는 크게 나열형, 스토리텔링형, 나열형＋스토리텔링형, 웹툰형, 이 네 가지로 구분할 수 있다. 이렇게 유형을 구분하는 이유는 전달하고자 하는 주제에 따라 구성방식과 템플릿이 조금

씩 달라지기 때문이다. 예를 들어 '박지성의 성공'을 이야기한다고 할 때, 핵심만 집어서 보여주는 나열형과 그의 일대기를 풀어내는 스토리텔링형은 만드는 방법을 비롯해 이를 받아들이는 사람들의 느낌과 효과 면에서 분명한 차이가 있다. 따라서 타깃 독자에게 정확한 내용을 전하기 위해서는 주제에 적합한 카드뉴스 유형을 채택하는 편이 좋다. 이제부터 각 유형의 특징을 하나하나 알아보도록 하자. 특징에 맞춰 카드뉴스를 제작하는 방법은 3장에서 자세히 다루겠다.

나열형 카드뉴스

나열형 카드뉴스는 각종 정보를 요약해서 보여주는 유형이다. 맛집, 여행지, 명언, 팁, 서비스 등을 간단하게 보여주는 방식에 적합하다. 나열형 카드뉴스는 무엇보다 제작하기가 쉽다. 다양한 템플릿을 만들어놓고 텍스트와 이미지를 교체하는 것만으로도 무궁무진하게 활용할 수 있다.

나열형 카드뉴스를 제작할 때 가장 명심해야 할 것은 자신이 '좋다고 생각하는 모든 정보'를 담는 것이 아니라 '목표하는 소비자가 좋아할 콘텐츠'를 담아내야 한다는 점이다. 20대 초반을 대상으로 하는 여행채널을 운영한다고 해보자. 이런 경우 백종원의 김치찌개 레시피보다는 저렴한 항공권을 검색하는 방법을 알려주는 편이 유저의 관심을 훨씬 더 끌 수 있다.

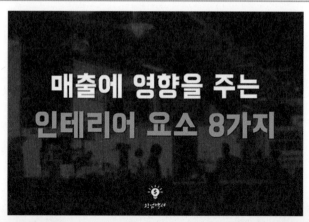

나열형 카드뉴스 예시

나열형 카드뉴스는 정보를 압축해서 보여주는 것을 중점으로 제작하면 된다.

여행채널에 올라온 콘텐츠 예시
타깃 고객의 반응을 이끌어낼 수 있는 소재를 채택하는 편이 좋다.

출처: 페이스북 여행에 미치다

스토리텔링형 카드뉴스

스토리텔링형 카드뉴스는 자연스럽게 이야기하듯이 콘텐츠를 전달하는 방식이다. 나열형 카드뉴스에 비해 제작이 까다로운 편이다. 시나리오 작가같이 한 편의 이야기를 완성도 있게 구성하고 연출해야 하기 때문이다. 하지만 탁월한 효과 때문에 많은 사람이 스토리텔링형 카드뉴스를 시도하곤 한다.

스토리텔링형 카드뉴스는 나열형 카드뉴스에 비해 메시지를

망한 가게를 인수해
매출 800% 성장시킨
한 남자의 이야기

16장+

761,680명에게 도달

↻ 결과 보기

스토리텔링형 카드뉴스 예시

페이스북의 경우 페이지에 콘텐츠를 게시하면 게시물 하단의 도달률을 통해 사람들의 반응을 즉각적으로 확인할 수 있다. 이 데이터는 수시로 업데이트되기 때문에 얼마나 많은 사람에게 콘텐츠가 노출되었는지 수치로 확인이 가능하다.

효과적으로 전달할 수 있다. 수준 높은 스토리텔링이 가능하다면 수십, 수백 배의 반응을 확인할 수 있다. 좋은 스토리텔링형 콘텐츠를 제작하기 위해서는 우선 이야기의 기승전결을 뚜렷하게 구성해야 한다. 메시지를 확실하게 전달할수록 구독자로부터 좋아요나 공유, 댓글 등의 반응을 쉽게 이끌어낼 수 있다.

나열형＋스토리텔링형 카드뉴스

나열형과 스토리텔링형을 혼합해서도 카드뉴스를 만들 수 있다. 이렇게 제작하면 정보를 압축해서 보여주되 이야기하듯이 카드뉴스를 구성하여 몰입도를 높일 수 있다. 나열형과 스토리텔링형의 혼합형 카드뉴스는 사람들에게 거부감이 들지 않도록 친숙한 모습으로 다가가면서도 스토리텔링형보다 빠르게 제작할 수 있다는 장점이 있다.

웹툰형 카드뉴스

웹툰형 카드뉴스는 이미지와 스토리가 적절히 어우러진 콘텐츠 유형이다. 구성이 탁월한 웹툰형 카드뉴스는 웹툰 회사에 스카우트되기도 한다. 그만큼 이미지와 글 구성이 적합하게 어우러져야 하기 때문에 일반인들이 시도하기는 쉽지 않다. 하지만 요즘은 캐릭터만 디자인해서 웹툰형 카드뉴스를 만드는 식으로 다양한 제작 방법이 등장하고 있다.

웹툰형 카드뉴스를 제작할 때도 다른 유형과 마찬가지로 누구를 타깃으로 할 것인지를 명확하게 하는 편이 좋다. 구독자를 명확히 하고 그들이 공감할 수 있는 콘텐츠를 지속적으로 제작하면 충성 고객층, 즉 '팬'들이 생기게 된다.

웹툰형 카드뉴스 예시

웹툰 플랫폼 레진코믹스에 연재 중인 권기린툰은 페이스북 페이지에 카드뉴스 형태로도
선보이고 있다.

출처: 권기린툰 페이지

　지금까지 소개한 카드뉴스 중 제작이 가장 용이한 유형은 나
열형 카드뉴스다. 다음, 네이버, 구글 등의 포털 사이트에서 검
색을 통해 손쉽게 소재를 찾을 수 있다. 저작권에 문제가 없는
글과 이미지 등은 언제든 새로운 콘텐츠로 재가공할 수 있다. 하
지만 제작 난도가 낮은 만큼 무수히 많은 마케터들이 이미 나열
형 카드뉴스 제작에 뛰어들고 있다. 따라서 정보의 차별화를 꾀
하지 않는다면 정보의 바다에서 흔하디 흔한 콘텐츠의 하나로

전락할 뿐이다.

　카드뉴스를 통해 상품을 알리거나 가게를 홍보하려면 무엇보다 차별화된 정보를 구독자에게 전달하는 데 집중해야 한다. 이 때문에 조금 어렵더라도 메시지를 확실히 전할 수 있는 스토리텔링형 콘텐츠를 제작하는 경험을 쌓아가는 편이 좋다. 디자인적인 재능이 있거나 어느 정도 비용을 투자할 계획이 있다면 색다른 웹툰형 콘텐츠를 시도해보는 것도 좋다. 사람들은 뻔한 내용보다는 'Fun' 하고 신선한 콘텐츠를 좋아하기 때문이다.

03 카드뉴스, 어떻게 활용할까?

카드뉴스를 제작하기에 앞서 알아야 할 사실이 있다. 카드뉴스 제작에 생각보다 많은 시간이 소요된다는 점이다. 콘텐츠 소재를 찾아 내용을 편집하고 이미지를 찾아 편집한 후 결과물을 검토해서 올리기까지, 초보자라면 평균 4시간가량이 소요된다. 물론 제작하는 카드뉴스의 종류와 개인의 능력에 따라 소요 시간이 달라지긴 할 것이다. 누군가는 일주일에 한두 개의 웹툰형 카드뉴스를 만들 수 있을 것이고, 다른 누군가는 하루에 10개 정도의 나열형 카드뉴스를 만드는 게 그리 어렵지 않을 수도 있을 것이다.

처음부터 카드뉴스를 잘 만들 수는 없다. 자신이 종사하는 업종에 맞는 카드뉴스 유형을 잘 선택하고 구독자의 호기심과 흥미를 유발할 수 있는 내용을 구성한 다음 적절한 제작 방법을 익혀야 한다. 자꾸 만들어보면서 감을 잡는 과정도 중요하다. 그리고 무엇보다 자신이 개발한 콘텐츠가 정보의 바다에서 휘발하지 않도록 여러 채널에 노출하여 홍보할 필요가 있다. 이를 위해 각 포털과 SNS를 통해 카드뉴스를 어떻게 하면 폭넓게 활용할 수 있는지 알아보도록 하자.

페이스북에서 카드뉴스 활용하기

포털보다 페이스북이라는 SNS 채널을 먼저 언급하는 이유가 있다. 카드뉴스가 마케팅 전략으로 일반화된 데에는 페이스북

페이스북 페이지 개설 방법
페이스북에 로그인하여 뉴스피드 왼쪽 하단 '페이지 만들기'를 클릭해 개설이 가능하다.

환경이 주효했기 때문이다. 페이스북은 예전에 큰 인기를 구가했던 싸이월드처럼 개인의 일상을 공유하는 관심기반 SNS로 출발했다. 하지만 이와 더불어 기업이나 단체 등이 상업적 용도로 구독자를 확보하는 방법까지 제시한 SNS가 바로 페이스북 페이지다. 어느 누구든 개설할 수 있으며 개인 계정으로 들어가 손쉽게 페이지를 생성할 수 있다. 페이지를 개설할 때에는 자신이 목표하는 타깃을 모집할 수 있는 주제 선정이 무엇보다 중요하다.

카드뉴스는 페이스북 페이지에 게재할 수 있는 좋은 콘텐츠 유형 중 하나다. 사람들은 구독자의 관심을 끌기 위해 '영상캡처본'을 올리거나, 블로그 혹은 다른 미디어 채널의 링크를 퍼오는 이른바 '아웃링크 방식'으로 콘텐츠를 올리기도 한다. 하지만 최근 가장 많은 사람의 관심을 끌고 있는 콘텐츠 유형은 바로 카드뉴스다. 직접적이고 친근하며 효과적인 정보 전달 도구이기 때문이다.

Tip 페이스북 페이지 카드뉴스의 장점

카드뉴스는 페이스북 페이지 콘텐츠 유형 중 가장 보편적인 형태로, 페이스북 유저들에게 거부감 없이 다가갈 수 있다. 또한 페이스북 페이지는 구독자가 없어도 원하는 타깃 고객에게 정보를 노출할 수 있는 방법이 있다. 이를 활용하여 적절한 예산으로 타깃에게 콘텐츠를 전달할 수 있다. 이미 많은 소상공인들이 이런 방법을 적극적으로 활용해 매출상승 효과를 누리고 있다.

네이버에서 카드뉴스 활용하기

네이버 사이트를 보면 '네이버 포스트'라는 카테고리를 확인할 수 있다. 네이버 포스트란 카드뉴스와 같은 모바일용 콘텐츠를 게재하는 채널로 페이스북 페이지와 유사한 서비스라고 보면 된다.

페이스북 페이지는 완성된 카드뉴스를 올려야 하지만 네이버 포스트는 카드뉴스를 작성할 수 있도록 자체적으로 템플릿을 제공한다. 이를 이용하면 텍스트와 이미지만 변경해 누구나 손쉽게 카드뉴스를 제작할 수 있다. 아울러 각 장마다 링크를 걸거나 장소를 태깅할 수도 있다. 단순히 완성된 카드뉴스를 올리는 방식의 페이스북 혹은 페이지보다 한층 업그레이드된 기능을 제공하고 있으니 상품이나 가게를 홍보하고자 하는 소상공인들에게 적합한 서비스라고 할 수 있다.

물론 단점도 있다. 네이버 포스트의 템플릿을 활용해 제작한 카드뉴스는 별도로 저장할 수 없어 다른 채널에 노출할 수 없다는 점이다. 아웃링크 방식으로 다른 채널에 공유함으로써 네이

네이버 검색 화면

네이버 검색 시 하단의 카테고리 중 포스트가 뜬다.(검색 키워드에 따라 뜨지 않을 수도 있다)

네이버 포스트 쓰기 중 템플릿 선택 화면
네이버가 제공하는 템플릿을 이용하면 손쉽게 카드뉴스 제작이 가능하다.

버 포스트로 트래픽이 몰리게 할 수는 있다. 네이버 포스트의 템플릿을 이용하지 않고 파워포인트로 직접 제작한 완성된 카드뉴스를 네이버에 올리는 것도 기본적으로 가능하다.

Tip **네이버 포스트의 장점**

네이버 포스트는 네이버에서 검색 시 노출도가 아주 높은 편이다. 네이버 검색이 우리나라 검색 환경에서 부동의 1위를 차지하고 있다는 점도 무시할 수 없는 강점이기도 하다. 또한 블로그는 기본 경쟁자가 많은 반면 포스트는 서비스가 시작된 지 그리 오래되지 않았기에 아직은 경쟁력이 있다고 볼 수 있다. 우리나라 사람들은 포털 검색을 아주 당연하게 생각하는 습성이 있으므로 노출 면에서 강점이 있는 네이버 포스트를 적극적으로 활용해 좋은 카드뉴스 콘텐츠로 홍보 효과를 극대화하기 바란다.

다음에서 카드뉴스 활용하기

다음은 네이버 포스트 같은 서비스가 없다. 대신 두 가지 방법으로 카드뉴스를 올릴 수 있다. 첫째, 네이버 블로그와 같은 공간인 다음 티스토리에 콘텐츠를 업로드하는 방법이다. 포털 다음의 검색 서비스를 이용해 특정 키워드를 검색하는 경우 티스토리 콘텐츠의 노출도가 좋은 편이기 때문에 검색 베이스 유저의 관심을 끌 수 있다. 네이버 블로그의 경우 트래픽이 많아도 광고를 붙이거나 기타 수익을 창출하기 어려운 반면 티스토리는 트래픽이 많은 경우 구글 광고를 붙여 수익을 낼 수 있다는 매력이 있다.

둘째, 카드뉴스를 올리는 또 다른 방법은 다음과 제휴를 맺는 것이다. 콘텐츠의 질이 좋다면 다음 측에서 먼저 연락해 오는 경

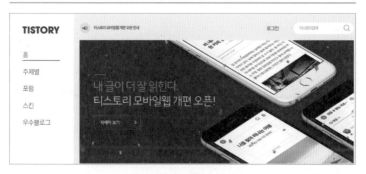

다음 티스토리 메인 화면
다음 티스토리는 네이버 블로그와 같은 공간으로 다음이 서비스하고 있다.

다음 모바일 접속 메인 화면

제휴된 콘텐츠가 다음 메인 화면에 노출되면 좀 더 많은 사람들의 관심을 끌 수 있다.(카카오는 다음과 합병했기 때문에 제휴된 콘텐츠는 다음과 카카오 채널 모두에 노출될 때도 있다.)

우도 있다. 이때 제휴를 하게 되면 다음앱 카테고리나 카카오 채널에 자신의 콘텐츠가 노출된다. 나는 다음의 한 탭에 고정적으로 콘텐츠를 노출하고 있는데 클릭수가 상당히 높은 편이다. 다음은 다양한 매체와 콘텐츠 제휴 관계를 맺고 있기 때문에 제휴사들이 이용하는 다른 사이트를 통해 카드뉴스 업로드가 이뤄지기도 한다.

티스토리에 많은 양의 트래픽을 집중시킬 수 있다면 광고를 유치해 수익을 낼 수 있다. 다음과 콘텐츠 제휴 관계를 맺는 경우 폭발적인 트래픽 유입이 예상된다. 30대 초반 남성에게 정장을 판매하는 쇼핑몰의 경우, 타깃 고객의 관심을 끌 만한 패션 관련 콘텐츠를 잘 만든다면 사이트까지 방문하도록 유도할 수 있어 엄청난 홍보 효과를 누릴 수 있다. 다음과 전략적 제휴 관계를 원한다면 콘텐츠 자체의 퀄리티를 높이거나, 비용이 좀 들더라도 뛰어난 카드뉴스 제작사를 이용하는 것도 하나의 방법이 될 수 있다.

인스타그램, 브런치 등 기타 SNS에서 카드뉴스 활용하기

페이스북, 네이버, 다음 등을 제외하고도 카드뉴스를 올릴 SNS 채널이 있다. 채널의 특성에 맞춰 카드뉴스를 적극적으로 홍보하기를 권한다.

인스타그램

인스타그램은 근래에 가장 인기 있는 SNS 채널이다. 작년까지만 해도 카드뉴스 콘텐츠가 큰 반응이 없었지만 2018년이 되면서 정보전달용 콘텐츠로 반응이 좋아지기 시작했다. 인스타그램에 올라가는 카드뉴스는 자연스럽고 날 것의 스타일로 디자인해야 훨씬 사람들에게 인기를 얻을 수 있다. 한마디로 너무 예쁘게, 전문적으로 만들려 하지 않아도 좋다는 말이다.

브런치

자신이 만든 카드뉴스를 한정된 채널에서만 쓸 필요는 없다. 브런치의 강점은 카카오 회사의 채널이라는 점이다. 그래서 좋은 제목과 이에 부합하는 정보를 잘 담아주면 카카오가 보유한 다음 또는 카카오 채널 메인에 콘텐츠가 올라갈 확률이 높다. 굳이 제휴하지 않아도 양질의 콘텐츠라면 노출될 수 있다.

카카오스토리

카카오스토리에 노출될 콘텐츠를 올리는 곳으로 페이스북과 마찬가지로 광고비를 집행하여 더 많은 타깃에게 콘텐츠를 노출할 수 있다. 그러나 채널 운영자가 올리는 콘텐츠는 하루 3회만 허가된다는 제약이 있다. 이 때문에 기존에 많은 구독자를 확보해 공동구매로 엄청난 매출을 올려왔던 채널들의 운영이 어려워지고 있다.

카드뉴스를 노출할 수 있는 다양한 채널을 소개하는 이유는 간단하다. 마케팅을 펼치는 채널이 많을수록 좋기 때문이다. 카드뉴스는 휘발성이 강한 콘텐츠라고 생각하지만, 페이스북에 올린 카드뉴스를 네이버 포스트나 인스타그램, 브런치 등에도 같이 올려 사이트 트래픽을 유발한다면 얘기가 달라진다. 활용할 수 있는 채널이 많이 있는데 이를 다각도로 활용하지 않을 필요가 있겠는가? 마케팅을 펼칠 가능성을 한정한다면 카드뉴스를 만든 시간이 아까울 뿐 아니라 다양한 채널을 이용하는 수많은 소비자에게 정보를 제공할 가능성조차 사라지게 된다. 그러므로 자신이 제작한 카드뉴스를 어떤 채널을 통해 어떻게 활용할 것인지, 채널별 특성을 파악하고 이를 적극적으로 활용하는 전략이 무엇보다 중요하다. 채널별 콘텐츠 활용 방안은 4장에서 자세히 다루겠다.

04 카드뉴스, 얼마나 강력한가?

카드뉴스는 간단한 제작 기술만 갖추면 돈들이지 않고 원하는 타깃 고객에게 마케팅을 펼칠 수 있는 아주 유용한 수단이다. 블로그의 경우 최소 6개월 이상 꾸준히 관리하고 운영해야 활성화되어 효과를 볼 수 있는 반면 카드뉴스는 단 하나의 콘텐츠로 단기간에 수천, 수만 명의 구독자를 모으기도 한다.

100만 명이 보는 파워 콘텐츠, 카드뉴스

페이스북 페이지를 활용하면 콘텐츠의 파급력을 즉각적으로 파악할 수 있다. 이 때문에 페이스북을 활용한 마케팅 성공 사례를 심심치 않게 발견할 수 있다.

여행과 관련해 독보적으로 성장한 '여행에 미치다' 페이지는 현재 100만 명의 팔로워를 거느린 채널이다. 여행에 관심 있는 20대라면 한 번쯤 접해봤을 법하다. 이 채널은 2년도 안 되는 짧은 기간에 급성장했다. '여행에 미치다'는 이를 발판으로 삼아 국내 최대의 여행 SNS 채널을 겸한 소셜 벤처회사로 자리매김했다.

좋은 콘텐츠는 브랜드 이미지 구축에 막대한 영향을 미치기도 한다. 실제로 작은 핫도그 가게를 운영 중인 한 남성의 이야기를 스토리텔링형 카드뉴스로 제작한 콘텐츠가 50만 명에게 도달되어 하루 50건이 넘는 가맹 문의가 들어온 사례가 있다. 카드뉴스로 제작한다고 해서 다 이와 같은 엄청난 반응을 기대할 순 없겠지만, 단기간에 폭발적인 반응을 불러일으킨 콘텐츠의 상당수가 바로 카드뉴스 형태였음을 기억하자. 이렇게 카드뉴스는 기업의 홍보뿐 아니라 다각도로 활용이 가능하다.

'여행에 미치다' 페이스북 페이지

해당 페이지는 100만 이상의 구독자를 보유한 여행 분야 초유의 페이스북 페이지다.

핫도그 브랜드 스토리텔링 콘텐츠

카드뉴스를 통해 브랜드 성공 스토리를 일반 대중에게 전달할 수 있다.

잘 만들어진 카드뉴스에 보이는 사람들의 반응은 남다르다. 이는 자연스럽게 바이럴 마케팅으로 이어진다. 블로그의 경우 꾸준히 포스팅을 해서 블로그 지수를 높이고, 이웃들과 지속적인 관계를 맺고 교류해야 하는 등 실로 엄청난 노력이 전제되어

쥬씨 브랜드 스토리텔링 콘텐츠
해당 콘텐츠는 약 100만 명에게 노출되었다. 카드뉴스는 별도의 마케팅 비용 투자 없이 수많은 고객에게 메시지를 전달할 수 있다는 장점이 있다.

야 유력한 채널로 성장할 수 있지만, 모바일 환경에 맞춰 새롭게 등장한 SNS 채널은 콘텐츠만 좋으면 신속하게 더 많은 사람에게 전달되는 특성이 있다. 따라서 매달 키워드 마케팅 비용으로 큰돈을 투자할 형편이 되지 않는다면 목표하는 타깃 고객에게 전달하고자 하는 메시지를 명확히 담은 카드뉴스를 적극적으로 활용해보기 바란다. 기대 이상의 홍보 효과를 누릴 수 있을 것이다.

SNS 채널에서 쓸 수 있는 효과적인 언어

카드뉴스의 파워가 어느 정도인지 설명하고, 그 효과도 구체적인 사례를 들어 입증해보였다. 이제 카드뉴스가 모바일에 가장 최적화된 형태라는 점을 설명하려 한다. 카드뉴스 콘텐츠는 기존 텍스트 중심의 블로그 포스트나 이미지 중심의 영상 콘텐츠보다 전달력과 영향력이 훨씬 강력하다. 한마디로 모바일 이용자가 좋아하는 콘텐츠라는 얘기다.

카드뉴스는 소상공인 입장에서 소비자에게 다가가는 모바일 환경의 최적화된 언어라고 표현할 수 있다. 이 언어를 어떻게 활용하는지에 따라 그 효과는 천차만별일 것이다.

카드뉴스 기본기를 제대로 익히자

뒤에서 다루겠지만 카드뉴스가 콘텐츠 마케팅의 결정권을 가지고 있는 것은 아니다. 어디까지나 카드뉴스는 콘텐츠를 담아내는 일종의 틀에 불과하다. 음식으로 비유하자면 음식 그 자체가 아니라 음식을 담아내는 그릇으로 보면 된다. 같은 음식이라면 보기 좋은 그릇에 담긴 음식에 사람들은 더 끌리는 법이다. 반면 아무리 보기 좋은 그릇에 담긴 음식이라도 맛이 없으면 더 먹고 싶다는 생각이 들지 않는다. 마찬가지다. 카드뉴스라는 새로운 형식과 그 안에 들어가는 콘텐츠의 질이 조화를 이룰 때 효과가 배가된다. 명심하자. 카드뉴스의 성공이 좋은 콘텐츠 개발에 달려 있다는 점을 말이다.

2

카드뉴스
준비하기

카드뉴스가 무엇이고, 어떤 종류가 있으며, 어떻게 활용해야 하는지, 어느 정도의 파급력이 있는지를 알아보았다. 이제부터는 실질적인 카드뉴스 제작에 앞서 목표와 콘셉트를 설정하고 소재를 발굴하는 방법을 알아보려 한다. 카드뉴스는 간략한 메시지와 이미지가 복합된 정보 전달 도구다. 이 때문에 카드뉴스라는 플랫폼 혹은 형식과 콘텐츠의 조화가 무엇보다 중요하다. 카드뉴스를 제작하고 자신이 운영하는 SNS 채널에 올리는 것이 주요한 관심사이겠지만, 그보다 먼저 어떤 목적으로 카드뉴스를 제작하고 어떤 타깃 고객을 끌어들일지를 명확하게 정할 필요가 있다. 그래야만 콘텐츠의 콘셉트를 정할 수 있고, 이에 맞춰 콘텐츠 소재를 발굴할 수 있기 때문이다. 먼저 다음과 같은 질문을 해보자.

01 카드뉴스 목표 설정하기

— 어떤 목적을 가지고 카드뉴스를 제작하려고 하는가?

— 어떤 사람들에게 보일 콘텐츠를 제작해야 하는가?

— 목적에 부합하는 타깃 고객들은 어떤 콘텐츠를 좋아하는가?

위의 질문에 대해 아래와 같이 상황을 가정하고 답을 적어보자.

상황	온라인 쇼핑몰을 구축해 다이어트 용품 판매를 시작한 A씨
목표	다이어트에 효과적인 제품들을 페이스북을 통해 홍보하여 판매까지 연결하고자 함

카드뉴스 제작 전 상황 및 목표 가정
자신의 상황과 목표를 명확하게 짚고 넘어가는 것이 중요하다.

Q1. 어떤 목적을 가지고 카드뉴스를 제작하려고 하는가?

— 내가 운영하는 쇼핑몰의 제품들을 알리고 싶다.

— 각 제품의 뛰어난 효과를 소개하고 싶다.

— 내가 운영하는 사이트의 트래픽을 높이고 싶다.

첫 번째 질문에 위와 같이 답을 적었다면 카드뉴스를 활용하여 무엇을 이루고자 하는지가 명확하게 나온다. 카드뉴스를 통해 제품을 알리고 효과를 소개하여 제품의 매력도를 어필함으로써 사이트 방문까지 이끌어내는 것이다. 카드뉴스의 활용 목적을 간단하게 정리했다면 두 번째 질문에도 답을 적어보도록 하자.

Q2. 어떤 사람들에게 보일 콘텐츠를 제작해야 하는가?
– 다이어트에 관심 있는 사람.
– 20~30대 여성이 주 타깃.

두 번째 질문에 대해 위와 같이 아주 간단하게 답을 달았다고 가정해보자. 여기서 핵심은 제품을 구매하게 될 타깃 고객들에 대해 알아보는 것이다. 두 번째 질문에 간략히 답변을 정리한 이후 조금 더 구체적으로 고객을 분석해볼 수 있다.

– 매번 다이어트를 시도하지만 중도에 포기하는 사람.
– 비만인 사람들보다 5~7킬로그램 정도만 감량하고 싶은 사람.
– 뚱뚱하진 않지만 몸 구석구석 숨어 있는 살을 빼고 싶은 사람.

이렇게 타깃 고객을 구체화할 때 좋은 점은 추후 카드뉴스 콘텐츠를 만들 때 제목으로 넣을 카피가 바로바로 나온다는 점이다. 카드뉴스 콘텐츠를 제작하는 큰 이유는 많은 사람에게 노출하는 것이겠지만, 특정 대상의 마음을 꿰뚫고 그들의 공감을 이끌어낼 만한 콘텐츠를 만들어내지 못한다면 무용지물이다.

세 번째 질문에 답하기 위해서는 같은 분야의 다른 SNS 채널

다이어트 잘하는 꿀팁 페이지의 카드뉴스 중 일부

타사의 페이지에 올라온 카드뉴스를 살펴보면 타깃 고객들이 어떤 콘텐츠에 반응을 보이는지 파악할 수 있다.

들을 찾아보는 편이 좋다. 특히 댓글/공유/좋아요가 많은 게시물을 살펴보고, 어떤 주제를 담고 있고 어떤 특징이 있는지 파악하기 바란다. 막상 시도해보면 자신이 생각하는 것 이상으로 훨씬 많은 종류의 콘텐츠가 있다는 사실을 알 수 있을 것이다. 구독자의 반응이 좋지 않은 콘텐츠를 찾아보고 그 이유를 생각해보는 것도 큰 도움이 된다.

Q3. 목적에 부합하는 타깃 고객들은 어떤 콘텐츠를 좋아하는가?
- 다이어트 식단.
- 다이어트 건강 상식.
- 다이어트 동작 및 운동법.
- 최근 유행하는 다이어트 기법.
- 다이어트 성공 사례 및 다이어트 후기.
- 다이어트 관련 용품 등.

카드뉴스의 목표를 설정하기 위해 정리한 세 가지 질문에 답을 적었다면 명심할 것이 있다. 자신이 판매하는 제품에 대해서 소개하는 것에만 초점을 맞추지 말고, 타깃 고객들이 좋아할 만한 정보가 무엇인지에 대해 초점을 맞춰야 한다는 점이다. 카드뉴스를 제작하는 이유는 잠재 고객을 확보하는 것을 최우선으로 삼아야 하기 때문에 지금 당장 판매하는 제품 소개에만 목을 맬 필요는 없다. 콘텐츠를 올릴 공간이 판매하는 제품 소개로 도배되어 있다면 누가 내 SNS 채널에 관심을 보이고 구독하려 하겠는가? 상품 광고가 최종 목표일지언정 대놓고 제품을 소개하기보다는 소비자의 욕구를 파악하여 해결해주는 정보로 다가가는 것, 이것이 바로 모바일 시대 바이럴 콘텐츠의 핵심이다.

02 기드뉴스 콘셉트 설정하기

카드뉴스를 제작하기 위해 목표를 설정했다면 이제는 콘셉트를 정할 차례다. 카드뉴스 자체는 개별 콘텐츠에 불과하지만 카드

다이어트 노트 다노 페이스북 페이지 커버

다이어트 잘하는 꿀팁 페이스북 페이지 커버

뉴스를 올리는 자신의 SNS 공간은 일관된 콘셉트를 유지해야 한다. 사람들에게 어떤 사이트나 채널로 포지셔닝할 것인지를 명확하게 정하고 시작하는 편이 좋다.

위의 내용은 다이어트 정보를 제공하는 각기 다른 페이지에서 가져왔다. 다이어트 노트 다노 페이스북 페이지의 경우 'Find you fit'라는 멋있는 카피를 곁들여줘 그들의 철학을 전달했다. 반면 다이어트 잘하는 꿀팁 페이스북 페이지의 경우 제목 커버에 페이스북 정보 공유 페이지라는 설명을 추가하여 관련된 정보를 제공하는 큐레이션 느낌이 들게 했다.

카드뉴스를 시작할 예정이라면 소비자들에게 자신의 채널이 어떤 인식을 심어줄 것인지에 대해 명확하게 콘셉트를 잡고, 그에 맞춰 네이밍을 하는 것이 장기적으로 브랜딩에 긍정적인 영향을 미친다. 사람들은 보는 대로, 말하는 대로 믿기 때문이다.

Tip 콘셉트 설정

1. 가급적이면 나와 비슷한 목적을 가진 다른 SNS 채널을 많이 참고하자.
2. 다른 채널을 참고할 때는 사람들에게 어떤 인식을 심어주고 있는지 콘텐츠와 채널명의 일관성에 관심을 두고 생각해보자.
3. 자신이 운영하는 SNS 채널을 소개하는 카피를 변경할 예정이라면 최대한 직관적인 카피를 사용하자.

03 카드뉴스 소재 발굴하기

목표와 콘셉트 설정까지 되었다면 다음 단계에서 할 일은 카드뉴스의 카테고리를 나누고 그에 맞춰 소재를 발굴하는 것이다. 카드뉴스 목표 설정하기의 세 번째 질문에 대한 답을 참고하여 카테고리를 나누면 수월하다.

- 다이어트 식단.
- 다이어트 건강 상식.

– 다이어트 동작 및 운동법.

– 최근 유행하는 다이어트 기법.

– 다이어트 성공 사례 및 다이어트 후기.

– 다이어트 관련 용품 등.

이렇게 카테고리를 나눠야 하는 이유는 무엇일까? 우선 요일별로 어떤 콘텐츠를 올리면 좋을지 사전에 계획해두기 위함이다. SNS 채널을 효율적으로 사용하기 위해서는 요일별 계획표가 상당히 중요하다. 계획 없이 무작정 시도하다간 며칠 되지도 않아 포기하게 될 수도 있다. SNS 채널은 단기간에 효과를 기대하기 어렵다는 사실을 기억하자. 최소 3개월은 공을 들여야 한다. 이를 위해 매일 어떤 콘텐츠를 올릴지 세부적인 계획을 가지고 있는 편이 좋다.

카테고리를 나누는 또 다른 이유는 소재 발굴을 위해서다. 카테고리로 분류한 키워드를 그대로 네이버나 구글에 검색하여 카드뉴스로 제작할 콘텐츠 소재들을 찾을 수도 있다. 하지만 효과적인 카드뉴스는 쉽게 건진 것으로 대충 만들 수 있는 것이 아니다. 수많은 소재 중에서 '최적화된 소재'를 발굴하기 위해서는 노력을 기울여야 한다.

좋은 소재란 무엇일까?

카드뉴스를 통해 목표하는 바(타깃 고객을 모은다, 유입률을 높인다 등)를 이루기 위해서는 좋은 콘텐츠를 만드는 것이 중요한데, 이를 위해서는 좋은 소재 발굴이 필수적이다. 웹서핑을 통해 모은 자료는 너무 대중적이거나 보편적인 자료들이다. 사람들이 몰랐던 정보를 발굴하는 데에는 시간과 노력이라는 품이 든다. 이 때문에 카드뉴스에 들어갈 콘텐츠 소재는 한꺼번에 몰아서 찾으려 하기보다 평소 관심 있는 채널을 꾸준히 구독하면서 관련 지식을 쌓는 편이 바람직하다.

또한 '좋은 소재'를 발굴하기 위해서는 '소재'와 '좋은 소재'의 차이를 명확히 해야 한다. '좋은 소재'가 어떤 기준에 부합하는지 짚고 넘어가야 한다.

'좋은 소재'는 차별화된, 쉽게 접할 수 없었던 유용한 정보를 말한다. 흔한 정보는 사람들에게 피로감만 안기는 반면 의미 있는 정보는 구독자의 반응과 호응을 이끌어낸다. 타깃이 명확한

좋은 소재의 조건
차별화된, 쉽게 접하지 못한 유용한 정보
타깃이 명확한 정보
대중의 반응이 입증된 정보
관련 배경과 스토리가 살아 있는 정보

좋은 소재에 적합한 기준

정보 또한 좋은 소재의 기준에 부합한다. 예를 들어 '다이어트 필수 운동 7가지'나 '암을 유발하는 음식 13가지' 같은 정보는 SNS 채널에서 쉽사리 접할 수 있는 평범한 정보다. 하지만 '직장인, 하루 5분 투자로 뱃살을 빼는 방법'이나 '20대 주요 암 1위 갑상선, 방지하는 음식'처럼 타깃 독자를 명확히 한 정보는 이를 필요로 하는 사람들의 반응을 쉽게 이끌어낼 수 있다.

대중의 반응이 입증된 정보 또한 카드뉴스로 담아내기에 적합한 소재다. 많은 사람이 댓글을 달거나 공유한 게시물, 네이버나 다음 포털 메인에 노출된 콘텐츠는 효과적인 정보임이 분명하다. 그런데 여기서 주의해야 할 점은 대중에 노출된 콘텐츠는 누군가 시간과 노력을 기울여 제작한 것들이므로 그대로 사용해서는 안 된다는 것이다. 필요한 부분이 있다면 원저작자에게 사용 허가를 받아야 한다.

관련 배경과 스토리가 살아 있는 정보 또한 카드뉴스로 제작하기에 뛰어난 소재다. 이는 스토리텔링형 카드뉴스로 제작할 때 효과가 배가된다. 예를 들어 애플 제품의 우수성을 일일이 설명하기보다 스티브 잡스가 제품을 만들어내기 위해 어떤 노력을 했는지 이야기를 들려주는 편이 더 효과적이다. 진정성 있는 노력으로 탄생한 제품은 그 특징보다 이면의 생생한 스토리가 소비자의 마음을 여는 콘텐츠가 되기 때문이다.

좋은 소재, 어떻게 발굴할까?

마케팅의 어려움은 사람들의 반응을 예측할 수 없는 데에서 온다. 하지만 앞서 말한 좋은 소재를 바탕으로 제작하는 콘텐츠의 경우 대체적인 반응을 추측해볼 수 있다. 대중의 반응이 입증된 콘텐츠는 다른 채널에 공유해도 유사한 반응을 확인할 수 있기 때문이다. 그만큼 양질의 콘텐츠가 중요하다. 그렇다면 양질의 콘텐츠 소재는 어디에서 찾을 수 있는 걸까? 지금부터 좋은 소재를 발굴하는 방법을 소개하겠다.

네이버 또는 나음 등 포털 사이트에서 키워느로 섬색하여 소새를 발굴하는 방법

네이버에 '다이어트 식단'이라고 입력하고 검색해보자. 아래처럼 블로그, 이미지, 지식in 등 다양한 채널을 통해서 식단 관련

네이버 검색 화면

네이버 검색 완료화면

정보를 입수할 수 있다. 이 중에서 눈여겨볼 것은 추천검색어다. '다이어트 식단'이라는 키워드로만 콘텐츠를 제작한다면 범위가 너무 넓어 사람들의 주목을 끌기가 쉽지 않다. 추천검색어로 뜨는 단어들을 참고하면 좀 더 기발하고 명확한 콘텐츠를 만드는데 도움이 된다.

　추천 검색어 중 '연예인다이어트식단'을 추가로 검색해보았다. 연예인들의 다양한 다이어트 식단 정보를 카페나 블로그를 통해 확인할 수 있다. 이렇게 카테고리 키워드를 검색하여 정보를 수집할 때 중요한 점은 노출 된 정보를 그냥 사용해도 되는 것인지, 그렇지 않은 것인지를 명확하게 짚고 넘어가야 한다는 것이다.

구글에서 키워드로 검색하여 채널 및 소재를 발굴하는 방법

한국의 포털 사이트는 자기네 서비스 내의 콘텐츠를 우선적으로 보여주는 반면 구글은 다양한 사이트에서 수집된 정보를 자체 알고리즘에 의해 분류한 결과대로 보여준다. 특정 포털에 치우지지 않는다는 장점 때문에 콘텐츠 소재를 발굴하는 것 이상으로 관련 정보가 모여 있는 채널들을 쉽게 찾아낼 수 있다. 따라서 구글 검색을 잘 활용하면 평소 다양한 채널을 구독하면서 사람들이 관심을 보이는 유용한 정보들을 빠르게 입수하여 관련 콘텐츠를 만드는 데 활용할 수 있다.

구글 검색 화면

기타 SNS 채널 및 대형 커뮤니티에서 소재를 발굴하는 방법

카드뉴스 소재를 발굴하는 방법 중 간편하고 좋은 방법은 다른 카드뉴스를 찾아보는 것인다. 일반적으로 카드뉴스가 가장 많이 배포되는 채널은 페이스북이다. 경쟁업체 또는 동종업종의 SNS 채널을 핵심 키워드로 검색하여 찾아본다면 최근에 각광받는 이슈가 무엇인지, 사람들의 관심을 유발하는 좋은 소재가 무엇인지 파악하는 데 매우 용이하다.

다음은 포털 사이트인 네이트의 '판'이라는 커뮤니티 채널을 소개한다. 많은 여성이 즐겨찾는 곳으로 여기에는 연애, 요리, 다이어트 등 다양한 주제로 많은 글이 올라온다. 이곳에서 조회

페이스북 검색 완료 화면

카테고리 | 건강/다이어트　　　　　　　　　　　★ 즐겨찾기 **2667**

베스트　　　　　　　　　　　　　　실시간 | 일간 | 주간 | 월간

1 [다이어트] 셀룰라이트ㅠㅠ사진유　(3)　　　*2* 10일만에 8키로 감량 했어요~　(3)
3 [조언부탁] 치팅데이..? 다이어트물거...　(1)　*4* [다이어트] 리우 올림픽 국가대표 엉...
5 하루에 한끼먹어도 배가안고파요　(2)　　　*6* 오늘 보건소에서 인바디측정했...
7 [알려줘요] 아파서 잠이 안올정도에요...　　*8* 폐암???? 걸릴수도 있는건가요?
9 궁금해요

네이트 판의 다이어트 카테고리 화면

수가 높거나 상위에 노출된 글들 중에서 원작자의 허락을 구해
카느뉴스 콘텐츠 소재로 사용한나넌 유용한 정보글 소개힐 수
있고 사람들의 관심을 확실히 끌 수 있다.

　이 외에도 관련 도서를 참고하거나 좋은 정보를 보유하고 있
는 개인을 인터뷰하는 방법 등, 좋은 소재를 찾는 방법은 무궁무
진하다. 정보의 질을 높이고 싶다면 가만히 있으면 안 된다. 오
프라인으로 뛰어야 할 때도 있고, 급변하는 정보의 바다를 능숙
하게 항해하는 온라인 검색능력을 갈고닦을 필요도 있다.

　지금까지 목표 설정, 콘셉트 설정, 소재 발굴, 이 세 단계를 거
쳐 카드뉴스 제작 실무에 들어가기 위한 준비운동을 마쳤다. 홍
보를 위해, 상품과 서비스를 판매하기 위해 바로 카드뉴스를 만
들고 싶더라도 이런 준비 과정을 거치지 않는다면 소기의 목적

을 달성하기 어렵다.

카드뉴스는 모바일 환경에 적합한 좋은 홍보 방법이긴 하지만 자신의 SNS 채널에서 일관된 방법으로 정보를 공유하지 않는다면 정체성이 애매한 SNS 채널로 취급되고 만다. 따라서 채널을 운영하기 전에는 항상 'why? who? what?' 이 세 가지를 염두에 두고 명확한 포지셔닝 전략을 구사할 필요가 있다. 어렵게 생각할 필요는 없다. 소비자에게 친근하게 가까이 다가가 매력적인 모습을 자주자주 보여주는 것이 정답이다. 막연한 독자가 잠재 고객이 되고 나중에는 충성 고객이 될 것이다. 카드뉴스 마케팅을 활용하여 알게 모르게 사람들을 우리의 팬으로 만드는 것이 비법이다.

Tip 블로그 게시물 저작권

블로그에 작성된 게시물은 최초로 작성한 사람의 창작물로 인정받는다. 그래서 원저작권자의 허락을 받지 않고 게시물을 나르거나 복사하여 이용하는 경우 저작권법상 불법으로 간주, 처벌받을 수 있다. 그러므로 소재는 자유롭게 찾되 해당 내용의 저작권이 타인에게 있는 경우 반드시 허락을 받거나 대가를 지급하고 사용해야 한다. 원저작권자의 허락을 받고 링크를 걸었다면 저작권 침해에 해당하지 않는다.

인터넷에 있는 그림이나 사진 등의 이미지들은 저작물로서 저작권 보호를 받는다. 그런데 온라인상에 무료 샘플free sample 이미지들이 올라 있는 것을 심심치 않게 볼 수 있다. 이런 이미지들도 안전하게 사용하려면 어떤 용도로 사용할 수 있는지 정확히 확인할 필요가 있다. 샘플 이미지를 시안용으로는 쓸 수 있으나 출판하거나 웹상에 배포하려면 유료 구매를 해야 할 수도 있기 때문이다. 아무런 의사표시가 없을 경우 저작자 허락이 필요하다고 생각하는 편이 바람직하다. 만약 감상용 표시가 있다면 다른 용도로 사용하면 안 된다.

3

카드뉴스
제작하기

지금까지 카드뉴스 제작 과정 중 1단계에 해당하는 소재 발굴 방법을 알아보았다. 3장에서는 제작의 2, 3단계에 해당하는 내용을 다루려고 한다. 소재를 다듬고 그 내용을 바탕으로 실제적인 카드뉴스를 제작하는 방법을 소개한다. 1장에서 카드뉴스를 소개하면서 카드뉴스의 여러 형태를 다뤘는데, 여기서는 실제 사례를 들어 조금 더 구체적으로 소개하겠다. 카드뉴스의 종류에 따라 콘텐츠의 내용과 구성, 배치, 템플릿 등이 달라질 수 있으므로 자신의 업종에 맞는 카드뉴스가 무엇인지 잘 파악해서 제작의 실무와 연결하기 바란다.

01 카드뉴스 제작에 앞서

카드뉴스 제작은 다음과 같은 과정을 거치게 된다.

1단계	2단계	3단계
소재 발굴하기	내용 다듬기	카드뉴스 제작하기

카드뉴스의 종류와 특징

종류	특징	난이도
나열형(정보성) 카드뉴스	정보를 간략히 요약해서 보여주는 형태 – 어떤 정보를 줄 것인지가 중점 – 손쉽게 정보를 찾을 수 있다는 장점	하
스토리텔링형 카드뉴스	기승전결 구조에 맞춰 생생한 이야기를 전달하는 형태 – 어떤 메시지를 담을 것인지가 중점 – 정보를 찾고 가공하는 데 시간이 제법 걸림	상
나열형+ 스토리텔링형 카드뉴스	도입부는 스토리형으로, 정보는 나열형으로 전하는 형태 – 정보를 어떤 스토리로 전달할 것인가가 중점 – 나열형보다는 몰입도가 높고, 스토리형보다는 제작 시간이 적게 듦	중
웹툰형 카드뉴스	단편 에피소드를 웹툰처럼 제작하는 형태 – 어떤 주제를 다룰 것인지가 중점 – 캐릭터 개발, 이미지 제작 등에 오랜 시간 소요	상

나열형 카드뉴스의 특징

나열형 카드뉴스의 가장 큰 특징은 '정보를 요약해서 보여주

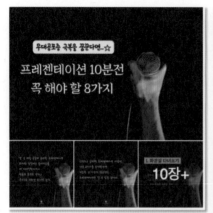

나열형 카드뉴스 예시

는 것'이다. 이 때문에 대부분의 나열형 카드뉴스는 '~하는 방법' '~한 곳' '~한 ○가지' 같은 제목으로 시작한다. 여행을 예로 들자면 '여행을 자주 다니는 사람이 성공하는 15가지 이유', 자기

개발을 예로 들자면 '부자 되기 위한 10가지 인간관계 노하우' 등의 제목이 달린 카드뉴스를 만들 수 있다.

이런 종류의 콘텐츠는 페이스북이나 다른 SNS 채널에서 쉽게 찾아볼 수 있으며 만들기가 수월해 제작 시간도 적게 걸리는 편이다. 숙련된 사람이라면 15분이면 카드뉴스 하나를 만들어 낼 수도 있다. 초보자라도 접근하기가 쉽지만 워낙 많은 카드뉴스가 쏟아져 나오기 때문에 소재나 내용이 아주 독특하지 않으면 사람들의 관심을 끌기 어려워 정보의 바다에서 살아남기 어렵다. 나열형 카드뉴스 형태에서는 콘텐츠의 내용보다 이미지로 어필하는 부분이 훨씬 더 큰 경우도 있다.

스토리텔링형 카드뉴스의 특징

스토리텔링형 카드뉴스는 생생한 이야기를 통해 메시지를 전달한다. 압축된 정보를 매번 반복하는 나열형 카드뉴스와 차별화되는 지점이다. 이야기 구조가 튼실해야 하기 때문에 스토리텔링형 카드뉴스는 제작 시간이 제법 걸리고 고민해야 할 부분이 많은 편이다. 그럼에도 불구하고 스토리텔링형 카드뉴스 제작을 선호하는 이들이 늘고 있는데, 일반적인 정보를 나열하는 방식보다 스토리텔링을 도입한 카드뉴스에 사람들이 더 쉽게 몰입하기 때문이다. 사람들의 호응은 곧 실질적인 마케팅 효과로 이어진다. 나열형 카드뉴스에 비해 스토리텔링형 카드뉴스의 효

스토리텔링형 카드뉴스 예시

출처: 창업백서/열정에 기름붓기

과가 훨씬 큰 편이므로 가능하다면 이 형태의 카드뉴스를 제작할 능력을 갖추기를 권장한다.

우리나라에서 스토리텔링형 카드뉴스의 최고봉으로 '열정의 기름붓기' 팀을 소개할 수 있는데, 이들이 제작하는 카드뉴스는 도달률이 50~100만 정도에 달한다고 한다. 이 팀은 여러 명의 콘텐츠 기획자가 다양한 주제의 스토리텔링형 카드뉴스를 제작한다고 한다.

나열형+스토리텔링형의 특징

말 그대로 나열형과 스토리텔링형을 합한 형태다. 이는 단순

62

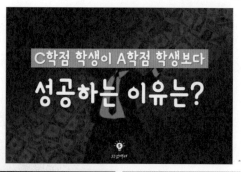

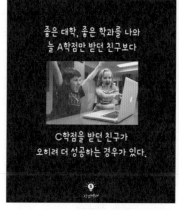

나열+스토리텔링형 카드뉴스 예시

히 정보를 제공하는 방식이 아니라 사람들이 정보를 궁금해 하게끔 만드는 것이다. 나열형 카드뉴스보다 제작 시간이 더 걸리더라도 사람들의 흥미를 유발할 수 있으며, 순수한 스토리텔링형 카드뉴스에 비해 제작적 부담이 덜한 편이다. 이 유형은 제공하는 정보에 대한 부연 설명이 필요할 때 사용하면 좋다.

웹툰형 카드뉴스의 특징

웹툰형 카드뉴스는 제작하기가 쉽지 않다. 캐릭터를 개발하고 관련 배경을 디자인하는 일은 일반적인 콘텐츠 제작 능력을 상회하는 일이기 때문이다(이 책에서는 웹툰형 카드뉴스 제작은 포함하지 않는다). 따라서 웹툰형 카드뉴스를 제작하기 위해서는 디자인적 능력이 필수적이고 관련 툴을 다루는 능력도 뒤따라야 한다. 제작 난도는 높지만 웹툰형 카드뉴스는 고정 팬을 확보하기가 용이하다는 장점이 있다. 웹툰형 카드뉴스를 통해 웹툰 작가로 등단한 사례가 있을 정도다. 근래에는 단순한 캐릭터로 제작

웹툰형 카드뉴스 예시

된 웹툰형 카드뉴스도 속속 등장하기 시작했으니 나열형과 스토리텔링형 카드뉴스에 어느 정도 익숙해지면 시도해보기 바란다.

지금까지 카드뉴스의 네 가지 종류를 예시를 들어 알아보았다. 물론 실제 카드뉴스는 나열형＋스토리텔링형처럼 각각의 형태가 조금씩 뒤섞이기도 한다. 나열형 카드뉴스에 스토리텔링 스타일을 접목할 수도 있고, 스토리텔링형 카드뉴스를 기본으로 하되 웹툰 스타일을 접목할 수도 있다. 하나의 채널에 다양한 형태의 카드뉴스를 동시에 올리는 방법도 있다.

이제부터는 카드뉴스의 기본 종류에 맞는 콘텐츠를 직접 만드는 방법을 살펴보기로 하자.

02 나열형 카드뉴스 내용 다듬기

상황1
맛집 페이지를 운영 중이다. 주 고객층인 20대를 위해 홍대 맛집 5곳을 추천해주고자 한다.

카드뉴스를 제작할 때는 '제목장'과 '내용장'에 들어갈 내용을 따로 정리해놓는 편이 좋다. 제목장에는 사람들의 이목을 끄는 카피를 넣는 것이 중요하고, 내용장에는 각 장의 표제와 그에 대한 부가 설명을 넣으면 된다.

제목장 내용 만들기

1단계: 제목 정하기
홍대 맛집 BEST 5

일반적으로 나열형 카드뉴스는 적당한 숫자로 표현하는 방식이 좋다. 홍대 맛집을 추천하는 내용을 담고 있으므로 '홍대 맛집'이라는 메인 키워드를 사용하고 '가장 맛있는 집'이라는 점을 부각하기 위해 'BEST'라는 단어를 활용했다. 때론 한글보다는 영어를 사용해 구독자의 흥미를 유발할 수 있다.

2단계: 제목 꾸미기
홍대 10년차 거주민이 알려주는/홍대 맛집 BEST 5

1단계에서 만든 제목은 좀 식상한 면이 있다. 수많은 카드뉴스가 이런 제목을 사용하고 있기 때문이다. 좀 더 효과적이고 매력적인 제목을 만들기 위해 신뢰성을 더하거나 타깃을 명확히 하는 방법이 있다. '홍대 맛집 BEST 5'라고만 했을 때는 다른 콘

66

텐츠와 차별성이 없지만, 앞에 '홍대 10년차 거주민이 알려주는'이라는 내용을 더해주면 신뢰성을 더할 수 있고 더 많은 사람의 반응을 이끌어낼 수 있다.

'홍대 맛집'은 타깃이 너무 넓다. 이런 일반적인 정보로는 사람들의 필요를 자극하기 어렵다. 이럴 때는 '파스타'처럼 특정 타깃이 선호하는 음식을 구체적으로 선택해서 내용을 구성하는 방법이 효과적이다. 물론 내용은 파스타 관련 맛집에 맞춰 변경하여야 하며 제목과 내용 그리고 이미지가 잘 매칭되어야 한다.

내용장 만들기

내용장을 제작할 때 주의해야 할 점은 각 장의 제목을 잘 뽑고 이를 짧고 간결하게 설명해주는 설명문을 만드는 일이다.

1단계: 제목 정하기
프리모바치오바치

내용장의 제목은 짧고 명료한 것이 좋다. 맛집의 경우 가게 이름만 넣어도 충분할 때가 있다. 혹시라도 제목이 식상하다고 생각된다면 적절한 설명을 추가하면 된다.

> **2단계: 제목 꾸미기**
> 느끼함의 최고봉 – 프리모바치오바치

홍대 파스타 맛집을 추천하는 콘텐츠를 제작하는 것이기 때문에 매장의 특징을 한눈에 알 수 있도록 제목을 정하는 것도 하나의 방법이다. 제목장을 꾸며주는 것과 마찬가지로 '느끼함'이라는 단어를 특정해서 사용하면 구체적인 타깃의 반응을 불러일으킬 수 있다.

> **3단계: 내용 정하기**
> 느끼함의 최고봉 – 프리모바치오바치
> 홍대에 위치한 이태리 파스타 전문 음식점이다. 메뉴는 파스타, 리조또, 샐러드 등이 있으며 가격이 저렴하다는 것이 다른 파스타집에 비해 큰 장점이다. 가장 인기 있는 메뉴는 크림소스가 살아 있는 빠네 파스타!

제목에 대한 설명을 정리한다. '프리모바치오바치'라는 매장을 소개해야 하므로 본 매장이 어떤 특징을 가지고 있는지 메뉴와 가격대를 파악해서 서술한다. 하지만 3단계에서 정리한 설명은 너무 길어 카드뉴스에 담아내기가 적합하지 않다.

> **4단계: 내용 정리하기**
> 느끼함의 최고봉 – 프리모바치오바치
> 파스타, 리조또, 샐러드를 저렴한 가격에!
> 메인메뉴 빠네는 느끼함의 끝판왕을 자랑한다.

카드뉴스 내용장에서 설명문은 가급적이면 두 줄을 넘어가지 않도록 한다. 그리고 핵심만 명확하게 전달하는 것이 중요하다. 3단계에 써놓았던 '이태리 전문 음식점'이라는 표현은 어차피 파스타를 파는 곳에 붙이기에는 불필요하므로 과감히 생략했다. 이제 최종 완성된 카드뉴스를 살펴보기로 하자. 실제로 제작하는 방법은 제작편에서 구체적으로 소개하겠다(최종 완성본은 내용 다듬기와 다른 제목과 이미지로 제작되었다).

프리모바치오바치

이탈리아 음식점으로, 파스타, 리조또, 샐러드 등
합리적인 가격의 다양한 메뉴가 있는 맛집!

한끼야끼

일본식 화로에 고기를 구워 먹는 방식으로
소고기 초밥 맛집이다! 한끼야끼 세트를 추천한다.

또보겠지 떡볶이

즉석 떡볶이와 감자튀김의 절묘한 조합!
허니버터 감자튀김은 꼭 먹어야 할 메뉴로 꼽힌다.

유메

칠리새우와 통 꿀게 튀김이 예술인 이자카야 맛집!
비쥬얼 만큼 맛도 끝내주는 홍대맛집이다.

최종 완성본 확인

03 스토리텔링형 카드뉴스 내용 다듬기

상황2
쥬씨라는 주스 브랜드를 홍보하고자 한다.

스토리텔링형 카드뉴스를 제작하려면 브랜드와 제품 등에 관에 많은 정보를 확보하고 있어야 한다. 특히 브랜드가 어떤 배경을 가지고 있는지 파악하는 것이 무엇보다 중요하다. 브랜드의 성공 스토리를 스토리텔링형 카드뉴스로 풀어내려면 다음과 같이 기승전결 구조를 활용하는 편이 좋다.

구분	특징	방법
기	궁금증 유발	수치화해서 보여준다.
승	궁금증 전개	화제를 던진다.
전	궁금증 해결	근거를 제시한다.
결	결론	전체 내용을 아우르며 마무리한다.

카드뉴스의 구조는 일반적으로 글을 작성할 때 참고하는 기승전결 구조와 조금 다를 수 있으나 제목, 내용, 근거, 결론이 유기적으로 연결되어야 한다는 점은 굳이 설명하지 않아도 이해할 수

있을 것이다. 카드뉴스라는 짧은 콘텐츠 안에서 궁금증을 유발하고 전개하고 해결하여 결론에 도달하기까지 구독자가 의구심이나 궁금증이 들지 않게끔 스토리 전개가 자연스러워야 한다.

　다음은 쥬씨의 성공요인 및 브랜드 관련 소재를 정리한 내용이다.

　쥬씨는 대학가에서 20대의 입소문으로 시작해 많은 사람에게 알려지기 시작했다. 가맹점이 50호점을 넘기기까지 두 달밖에 걸리지 않았다고 한다. 많이 파는 매장은 하루에 3000잔 이상을 판매한다고 한다. 쥬씨의 성공요인은 다양하지만 저렴한 가격, 메인 메뉴와 인테리어, 브랜드의 전반적인 일관성을 꼽을 수 있다. 불경기에 저렴한 가격으로 맛있는 주스를 구매할 수 있다는 점이 지갑 열기를 두려워하는 소비자의 마음을 녹였다고 볼 수 있다.

　중구난방으로 입수한 정보를 이처럼 나름대로 정리하는 과정이 중요하다. 여기에서 셀링포인트를 집어내어 스토리텔링의 기승전결 구조에 맞춰 녹여보도록 하자.

구분	특징	내용
기	궁금증 유발	– 하루에 음료가 최대 3000잔 팔린다. – 대학가에서 인기가 많아 줄을 서서 사먹는다.
승	궁금증 전개	– 주스 한 잔에 1500원으로 무척 저렴하게 파는데(아메리카노보다 저렴) 양도 상당히 많다. – 어떤 매장은 하루에 3000잔 넘게 판다는데, 판매량으로 단순 계산하면 하루 순수익이 200만 원을 넘는다.

구분	특징	내용
전	궁금증 해결	– 어떻게 저렴하게 팔 수 있을까? – 원자재를 저렴하게 들여온다(박리다매 구조). – 싸고 양이 많은 것은 현재의 트렌드다. – 생과일주스 전문점이라는 메인 메뉴를 강조하고 있다. – 인테리어 등의 콘셉트가 명확해 매장만 봐도 한눈에 생과일주스 브랜드라는 사실을 알 수 있다.
결	결론	– 여러 성공 요인으로 인해 두 달 만에 가맹점 50호점이 넘었다. – 혁신적인 아이템은 아닐지라도 시장의 니즈를 반영함으로써 확실한 수익구조를 마련한 것이 성공 포인트로 꼽힌다. – 예비 창업자들이 반드시 알아야 할 창업성공 사례가 될 수 있다.

입수한 정보를 기승전결 구조에 맞춰 내용을 다듬으면 콘텐츠를 보다 수월하게 제작할 수 있다. 여기서 예로 든 쥬씨가 아니라 다른 브랜드일지라도 동일한 방법을 적용하면 효과적인 콘텐츠로 만들어낼 수 있다. 쥬씨 브랜드의 카드뉴스 제작 방법은 뒤에서 상세히 소개하겠다.

04 카드뉴스 제작하기 실전

지금까지 카드뉴스에 들어갈 소재를 발굴하고 다듬는 방법을 알아보았으니 실제로 제작하는 방법을 배워보기로 하자. 카드뉴스를 만들기 전에 한 가지만 명심하기 바란다. 카드뉴스에서 중요한 것은 디자인이 아니라는 사실이다. 가장 중요하게 고려해야 할 점은 '가독성'이다. 카드뉴스를 클릭한 독자가 뒷장까지 넘겨보고 싶을 정도로 깔끔하고 임팩트 있게 제작되어야 한다. 이를 위해 다음의 요소들을 주의하기 바란다.

카드뉴스 제작의 기본—가독성

이미지, 폰트, 크기, 색깔, 자간 등에 따라 가독성이 달라진다. 각각의 요소를 조금씩 변경함에 따라 가독성은 미묘하게 달라질 수 있다. 보기 좋은 카드뉴스를 만들기 위해 구성요소를 좀 더 구체적으로 알아볼 필요가 있다.

이미지 선정 노하우

카드뉴스에서 이미지는 전체적인 분위기를 좌우하는 역할을 한다. 어떤 이미지를 사용해야 카드뉴스의 효율을 증가시킬 수 있을까?

첫째, 내용에 적합한 이미지를 골라야 한다. 카드뉴스가 '할인'과 관련되어 있다고 하자. 할인 피켓 혹은 대형마트의 할인코너 이미지를 사용하면 구독자의 몰입도를 증가시킬 수 있다. 내용에 어울리는 이미지는 구독자들이 내용을 이해하는 데 조력자적 역할을 한다.

둘째, 이미지를 자연스러운 것으로 골라야 한다. 맛집의 음식이나 브랜드의 상품 이미지는 신뢰도와 직결된다. 상태를 알아보기 어려운 저해상도 이미지는 고객의 구매를 가로막는 요인이 될 수도 있다. 단 전체 파일의 크기는 카드뉴스 목적에 따라 잘 선택하자.

셋째, 저작권에 문제가 없는 이미지를 사용해야 한다. 구글에서 키워드를 검색하면 무수히 많은 이미지를 찾을 수 있다. 하지만 이런 이미지는 출처가 명확하지 않고 저작권을 침해할 우려도 있다. 그러므로 무료 이미지 제공 사이트를 활용하여 저작권 문제가 발생하지 않도록 해야 한다.

무료 이미지를 구하는 방법

무료 이미지 제공 사이트 중에 검색으로 쉽게 이미지를 찾을 수 있는 픽사베이Pixabay가 있다. 여기에서 이미지를 찾는 방법을 소개한다. 인터넷 검색 프로그램의 주소창에 'pixabay.com'이라고 입력하거나 포털 사이트 검색창에 '픽사베이'를 입력해서 들어간다.

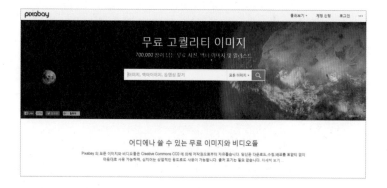

픽사베이 검색창에 원하는 이미지와 관련된 키워드를 입력하면 쉽게 이미지를 찾을 수 있다. 키워드는 한글이나 영어로 검색이 가능하다. 외국에서 제공하는 서비스이기 때문에 영어로 입력하고 추상적인 단어보다 정확하고 직관적인 단어로 찾을 때 더 많은 이미지를 보여준다.

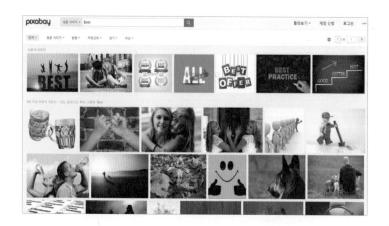

마음에 드는 이미지를 선택하면 이미지를 크게 볼 수 있다. 이미지가 마음에 들지 않으면 다시 검색을 하거나, 뒤로 가기를 누르면 된다.

적합한 이미지를 찾아 내려받고 싶다면, 사진을 한 번 클릭하거나 오른쪽 초록색의 [무료다운로드]를 선택하면 된다.

내려받는 이미지의 사이즈를 설정할 수 있다. 원본 이미지나, L 사이즈는 상당히 고퀄리티 이미지다. 카드뉴스에는 여러 장의 이미지가 들어가므로 전체 파일 크기를 고려해야 한다. 카드뉴스의 목적과 주로 보여질 SNS 채널의 특성을 고려해서 이미지 해상도와 사이즈를 잘 선택하기 바란다. 사이즈를 설정한 후 [다운로드]를 선택하면 이미지를 받을 수 있다.

픽사베이 외에도 무료로 이미지를 받을 수 있는 사이트가 있으니 적합한 곳을 찾아 활용하기 바란다.

unsplash.com

picjumbo.com

getrefe.tumblr.com

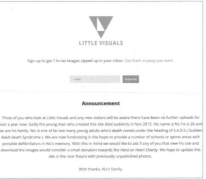

littlevisuals.co

gratisography.com

splitshire.com

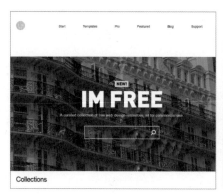

imcreator.com/free

nos.twnsnd.co

80

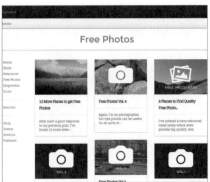

photopin.com   wefunction.com/

category/free-photos

폰트 선정 노하우

카드뉴스에 사용하는 폰트에 개인의 취향이 반영되어서는 안 된다. 디자인 감각이 뛰어나더라도 카드뉴스의 가독성을 생각한다면 깔끔하고 변형이 덜된 기본 폰트를 사용하는 것이 정답이다.

컴퓨터에서 무심코 사용하는 폰트라도 상업적으로 사용하는 경우 문제가 되는 저작권 폰트가 많으니 유의할 필요가 있다.

저작권 문제없는 폰트 다운로드 방법

무료 폰트 중 [미생체]를 다운받아 설치하는 방법을 알려주겠다. 포털 사이트 검색창에 '미생체'를 검색해서 들어간다. 미생체는 구글에서 검색하면 바로 다운사이트가 보인다.

사이트에 들어가 [미생체 다운로드]를 클릭하면 된다. 내려받기 전에 이 폰트와 관련된 저작권 내용을 확인하는 편이 좋다.

내려받은 파일을 찾아 설치한다. 압축된 파일의 경우 압축을 푼 다음 설치하면 된다.

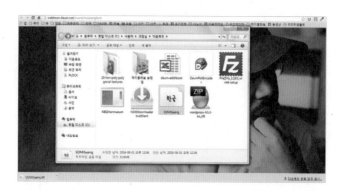

파일을 선택한 후 글씨체를 확인한 다음 [설치]를 누른다.

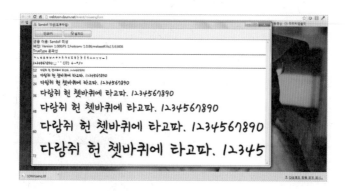

[설치]를 누르면 [글꼴 설치 중] 창이 뜬다. 이 창이 사라지면 완료된 것이다. 글꼴을 설치했는데도 파워포인트에 글꼴이 보이지 않는다면 프로그램을 닫았다가 열어보자. 글꼴이 추가되어 있을 것이다.

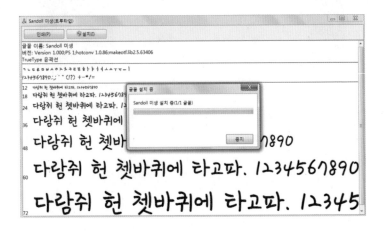

저작권 문제없는 추천 폰트

카드뉴스에 무난하게 쓸 수 있는 저작권에 문제없는 폰트를 정리했으니 자신이 만들고자 하는 콘텐츠에 적합한 것을 찾아서 활용하기 바란다.

본고딕(노토산스)

google.com/get/noto

KoPub 돋움, 바탕체

goo.gl/fLpVPK

나눔바른고딕체

hangeul.naver.com

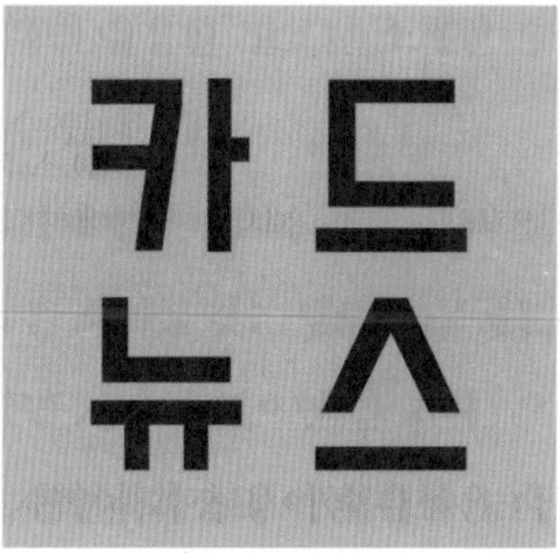

배달의민족 도현체

www.woowahan.com

<table>
<tr><td>카 드
뉴 스</td><td>카 드
뉴 스</td></tr>
</table>

배달의민족 주아체

www.woowahan.com

배달의민족 한나는 열한살체

www.woowahan.com

서울 한강체

software.naver.com

서울 남산체

software.naver.com

국대떡볶이체

software.naver.com

더페이스샵 잉크립퀴드체

goo.gl/kKgeHq

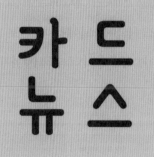

야놀자 야체

cast.yanolja.com/detail/2171

조선일보명조체

software.naver.com

다음체
software.naver.com

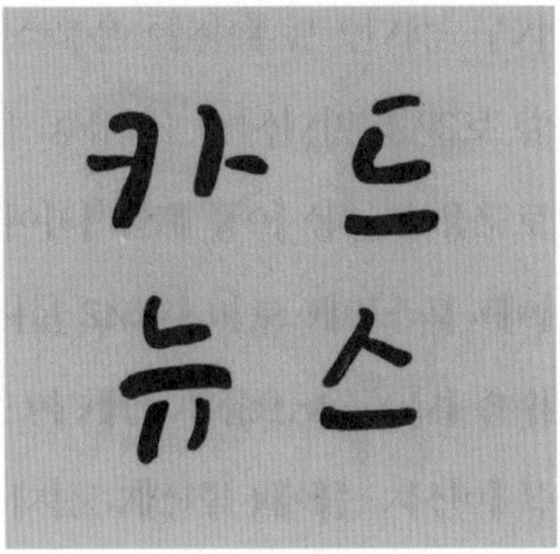

포천 막걸리체
software.naver.com

아리따 돋움체
software.naver.com

티몬 몬소리체
goo.gl/Mt8JTE

폰트 크기 설정 노하우

폰트가 너무 크거나 작으면 글을 읽는 데 방해된다. 제목장의
경우 큰 폰트를 사용하되 화면 전체를 꽉 채워서 답답한 느낌을

주는 것은 좋지 않다. 한편 너무 작은 크기의 폰트를 사용하면 눈에 들어오지 않아 불편함을 준다. 아래 예시처럼 글씨가 화면을 너무 꽉 채우거나 비어 보이지 않을 정도의 적절한 크기로 사용하기 바란다.

국대 떡볶이체 / 크기 60pt

미생체, 국대 떡볶이체 /
위 44pt, 아래 72pt, 88pt

색 사용 노하우

적절한 색으로 텍스트의 중요한 부분을 강조할 수도 있다. 폰트에 색을 입히거나, 폰트 뒤에 도형을 삽입하거나, 배경색을 설정해 콘텐츠에 생기를 불어넣어보자. 형광색의 경우 자칫 촌스러운 느낌을 줄 수 있으니 지나치게 화려한 색은 지양하기 바란다.

카카오 주 컬러인 노란색 사용　　　　아침습관을 강조하기 위해 다홍색 사용

행간, 자간 설정 노하우

　행간, 자간이 너무 넓으면 내용이 임팩트 있게 눈에 들어오지 않는다. 간격이 너무 좁은 경우도 마찬가지다. 가독성을 고려해 적절한 간격을 유지하도록 하자.

행간이 너무 좁은 안 좋은 예시　　　적절한 행간으로 조절된 좋은 예시

지금까지 카드뉴스를 제작하기 위해 가독성에 영향을 미치는 다양한 요소를 살펴보았다. 이 5가지 요소를 생각하면서 카드뉴스 제작 감각을 실제로 익혀보도록 하자.

05 나열형 카드뉴스 제작 실무

나열형 카드뉴스는 정보를 간단히 요약해서 보여주는 카드뉴스다. 콘텐츠 제작 시간이 짧은 만큼 경쟁 콘텐츠가 많은 편이다. 따라서 독특한 주제의 콘텐츠를 선정하는 작업이 중요하다.

나열형 카드뉴스 카테고리

1. 하나의 제품, 서비스 등을 소개할 때.
2. 여행지, 맛집 등 장소를 모아서 보여줄 때.
3. 특정 제품, 아이템 등을 모아서 보여줄 때.
4. 한 장짜리 포스터 느낌으로 이벤트를 홍보할 때.
5. 두 장 이상으로 구체적인 이벤트를 홍보할 때.
6. 명언이나 팁 등을 텍스트 중심으로 보여줄 때.
7. 자기계발 노하우를 순차적으로 보여줄 때.
8. 여행지 혹은 상품의 구체적인 고급 정보를 보여줄 때.

9. 특정 주제의 정보를 배경색 중심으로 소개할 때.

10. 강의나 행사를 텍스트 중심으로 홍보할 때.

나열형 카드뉴스 제작하기 1

하나의 제품, 서비스, 장소를 소개할 때 적합한 카드뉴스.

STEP1 제목장 사이즈 설정하기

카드뉴스 제목에 적합한 사이즈는 여러 가지가 있다. 정사각형은 페이스북 카드뉴스에 적합한 사이즈 중 하나다.

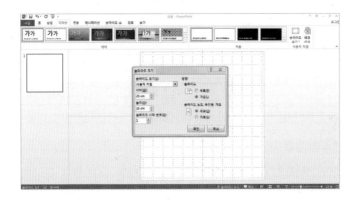

▶ 새로운 파워포인트를 생성한다. [디자인]탭 > [슬라이드 크기] 선택 > [너비]와 [높이]를 25cm×25cm로 조정한다.

STEP2 제목 — 이미지 삽입하기

제목장에는 아이템이나 메뉴가 크게 보이고, 색상이 화려하며 구도가 좋아 클릭하고 싶은 이미지를 사용하는 편이 좋다.

▶ [삽입] 탭 > [그림]을 선택한다. 원하는 이미지를 선택한 후 [삽입] 버튼을 누른다.

STEP3 제목 — 도형 삽입하기

글씨 뒤에 투명도를 준 도형을 두면 배경 이미지를 가리지 않으면서도 글이 잘 보이게 된다. 촌스러운 느낌을 지울 수 있다는 장점도 있다.

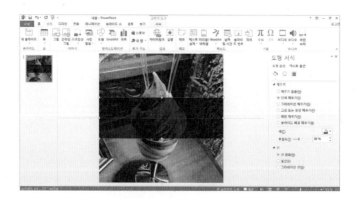

▶ [삽입] 탭 > [도형] 선택 > [직사각형]을 선택해 원하는 크기로 만든다. [도형서식] 선택 > [채우기]는 [단색 채우기] > 검은색 선택, 투명도는 30%, [선]은 [선 없음]을 선택해서 깔끔하게 처리한다.

STEP4 제목 — 텍스트 채우고 디자인하기

사전에 편집해둔 텍스트를 넣고 폰트만 깔끔하게 정리한다.

▶ [삽입] 탭 > [텍스트 상자] 선택 > 원하는 텍스트를 작성한다.

글꼴 종류	국대떡볶이체
글씨 크기	윗줄 48pt / 아랫줄 80pt
글씨 색상	기본 하얀색 / 강조 노란색

STEP5 내용장 만들기

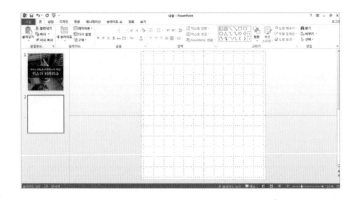

▶ [홈] 탭 > [새 슬라이드]를 선택해 내용장을 추가한다.

STEP6 내용 ― 이미지 삽입하기

공간이나 아이템을 소개할 경우, 제품을 실제로 접하는 순서대로 이미지를 나열해 콘텐츠를 제작하는 편이 좋다. 맛집의 경우 입구 → 주방 → 메뉴판 → 메뉴 순으로 흐름에 맞게 만드는 것이다.

▶ [삽입] 탭 > [그림] 선택 > 원하는 이미지를 선택한 후 [삽입] 버튼을 누른다.

STEP7 내용 — 도형 삽입하기

공간이나 아이템을 소개할 때는 이미지를 꽉 채우는 편이 좋다. 텍스트가 눈에 잘 보이게 하려면 텍스트 아래 도형을 씌워주면 된다. 도형은 한쪽으로 통일해두어도 좋고, 이미지에 따라 유동적으로 움직여도 좋다.

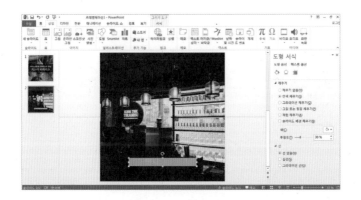

▶ [삽입] 탭 > [도형] 선택 > [직사각형]을 원하는 크기로 만든다. [도형서식] 선택 > [채우기]는 [단색 채우기]로 선택 > 하얀색 선택, 투명도는 30%, [선]은 [선 없음]을 선택한다.

STEP8 내용 — 텍스트 채우기

텍스트를 작성하고 폰트와 색, 크기를 편집해준다.

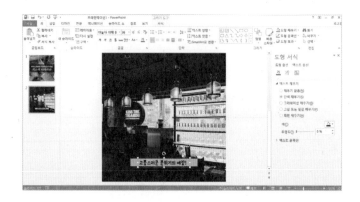

▶ [삽입] 탭 > [텍스트 상자] 선택 > 원하는 텍스트를 작성한다.

글씨 종류	야놀자 야체	글씨 크기	36pt	색상	검은색

STEP9 이미지로 저장하기

파워포인트로 제작한 카드뉴스는 이미지 파일로 저장하고, 페이스북이나 채널에 게시할 때 사진을 올리는 형식으로 올리게 된다. 완성한 카드뉴스를 저장하는 방법을 알아보자.

▶ 제일 왼쪽 상단의 [파일] 탭을 누른 후 > [다른 이름으로 저장]을 클릭한다. [컴퓨터] > [찾아보기]를 클릭한 후 저장할 위치를 지정한다.

▶ 위치를 설정한 후 [파일 이름]을 수정하고 [파일 형식]을 클릭 > [PNG형식] 혹은 [JPG형식]으로 지정한 후 [확인]을 누른다.

STEP10 이미지로 저장하기

이미지를 모두 저장하고 싶다면 [모든 슬라이드]를 , 한 장만 저장하고 싶다면 저장하고 싶은 페이지에서 [현재 슬라이드만]을 눌러 저장하면 된다.

▶ [모든 슬라이드] 누른 후 [확인]을 누르면 이미지로 저장된다.

Tip 카드뉴스 파워포인트 배경 사이즈

포토샵을 활용해 카드뉴스를 제작하는 경우 일반적으로 픽셀(px)로 사이즈를 설정한다. 하지만 파워포인트에는 픽셀로 배경 사이즈를 설정하는 방법이 따로 없다. 버전이 높은 파워포인트의 경우 숫자를 입력하고 끝에 센티미터(cm) 단위를 지우고 픽셀(px)로 표기해주면 자동으로 크기가 계산되어 적용된다. 페이스북에서 권장하는 기본적인 카드뉴스 배경 사이즈(픽셀 기준)를 따르고 싶다면 다음을 참고하여 제작하기 바란다.

– 정사각형 카드뉴스: 25cm×25cm=960px×960px
– 가로 직사각형 카드뉴스: 27cm×18cm=960px×640px
– 세로 직사각형 카드뉴스: 18cm×27cm=640px×960px

나열형 카드뉴스 제작하기 2

여행지, 맛집 등 특정 장소를 모아 보여줄 때 적합한 카드뉴스.

프리모바치오바치

이탈리아 음식점으로, 파스타, 리조또, 샐러드 등
합리적인 가격의 다양한 메뉴가 있는 맛집!

한끼야끼

일본식 화로에 고기를 구워 먹는 방식으로
소고기 초밥 맛집이다! 한끼야끼 세트를 추천한다.

또보겠지 떡볶이

즉석 떡볶이와 감자튀김의 절묘한 조합!
허니버터 감자튀김은 꼭 먹어야 할 메뉴로 꼽힌다.

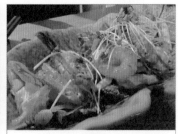

유메

칠리새우와 통 꽃게 튀김이 예술인 이자카야 맛집!
비쥬얼 만큼 맛도 끝내주는 홍대맛집이다.

제목장 설명

여행지나 맛집을 소개하는 콘텐츠일 경우 이미지가 매우 중요하다. 제목장에는 채도가 높고 화질이 좋아 맛있어 보이는 이미지를 선택하는 편이 좋다.

글꼴 종류	소제목 – 미생체 / 제목 – 국대떡볶이체
글씨 크기	소제목 – 44pt / 대제목 – 72pt(상단), 88pt(하단)
특징	– 카드뉴스의 제목장을 부각하기 위해 3:2 직사각형(27×18) 비율로 카드 사이즈를 조절했다. – 제목에 도형을 어떤 모양과 색상으로 어디에 두느냐에 따라 분위기가 확연히 달라질 수 있다. [삽입] 탭 > [도형]에서 원하는 모양을 선택하면 된다.

내용장 설명

내용장은 하단에 텍스트를 넣을 공간을 남겨두고 이미지를 삽입해준다. 나열형 카드뉴스는 간결함이 생명이다. 제품이나 식당의 이름을 크게 적고 하단의 제품 설명은 한두 줄 내외로 간단히 넣는다.

글꼴 종류	소제목 – 국대떡볶이체 / 내용 – KoPub 돋움체
글씨 크기	소제목 – 48pt / 내용 – 44pt
특징	– 내용장은 제목장과 달리 정사각형으로 설정했다. 가로 직사각형은 스마트폰으로 볼 때 위아래 여백이 많아 가독성이 떨어지기 때문이다. 새로운 파워포인트를 생성해 정사각형(25×25) 비율로 설정하자.

나열형 카드뉴스 제작하기 3

특정 제품, 아이템 등을 모아서 보여줄 때 적합한 카드뉴스.

아이폰 4

완전히 새로운 디자인의 아이폰 4!
페이스 타임 등의 기능들이 추가된 제품이다.

아이폰 5

애플의 6번째 제품으로,
최초로 터치센서가 추가된 아이폰이다.

아이폰 6

기존 제품보다 38%나 커진 화면,
두께도 얇아진 새로운 디자인이다.

제목장 설명

특정 제품을 소개할 때 제품의 특징이 부각되는 이미지를 사용하면 좋다. 아이폰의 감성적인 분위기가 특징이라면, 사진 또한 파스텔 톤의 감성적인 이미지로 선택하는 편이 좋다.

글꼴 종류	대제목 – 배달의민족 도현체 / 소제목 – 미생체
글씨 크기	대제목 – 90pt / 소제목 – 36pt
특징	– 세로형 카드뉴스는 직사각형과 또 다른 느낌을 준다. 직사각형(18×27) 비율로 카드 사이즈를 조절했다. – 제목에 텍스트를 꽉 차게 적어 내용을 강조해주었다. 제목에 부연 설명이 필요하다면 포인트 색을 준 도형에 소제목을 적어주는 방법도 있다.

내용장 설명

제목장에 사용한 포인트 색상을 내용장에 통일되게 사용하면 카드뉴스에 일관된 느낌을 줄 수 있다. 마찬가지로 글씨 폰트나 이미지에도 통일성을 부여하자.

글꼴 종류	소제목 – KoPub 돋움체 / 내용 – 나눔바른고딕체
글씨 크기	소제목 – 44pt / 내용 – 24pt

한 장짜리 포스터 느낌으로 이벤트 홍보 적합한 카드뉴스.

설명

한 장 짜리 포스터형 카드뉴스는 포인트 색상이 매우 중요하다. 이벤트나 선물과 관련된 색상을 사용하면 이벤트가 더 확실히 부각된다. 해당 이벤트는 다음카카오 제휴기념 이모티콘 증정 이벤트로, 카카오의 특징인 노란색과 갈색을 사용했으며, 캐릭터 아이콘을 삽입해주었다.

글꼴 종류	소제목 – 미생체 / 대제목 – 국대떡볶이체 / 내용 – 나눔바른고딕
글씨 크기	소제목 – 40pt / 대제목 –72pt / 내용 – 24pt
특징	– 정사각형(25×25) 비율로 설정, 배경색을 지정했다. – 제목은 크게 키워 강조했고, 부연 설명은 최대한 줄였다.

나열형 카드뉴스 제작하기 5

여러 장에 걸쳐 구체적으로 이벤트를 홍보할 때 적합한 카드
뉴스.

제목장 설명

배경색을 지정할 때 타깃 구독자가 좋아할 색상을 사용하여
호감도를 높인다. 첫 장에는 이벤트 제목과 관련 이미지만 간단
히 넣어주자.

글꼴 종류	배달의민족 도현체
글씨 크기	48pt(상단) , 60pt(하단)
특징	– 배경색만 지정하면 자칫 단조로워 보일 수 있어 다른 색상의 도형을 삽입해 색다르게 보이도록 했다.

내용장 설명

다음 장에는 이벤트 내용에 대해 구체적인 부연설명을 넣어주면 된다. 이때 테두리만 남기고 도형을 넓게 삽입하고, 관련 이미지를 넣으면 집중도를 높일 수 있다.

글꼴 종류	나눔바른고딕체
글씨 크기	36pt
특징	– 이미지가 뚜렷이 보이지 않아 테두리 선을 추가해주었다.

나열형 카드뉴스 제작하기 6

명언, 팁 등을 텍스트 중심으로 보여주기에 적합한 카드뉴스.

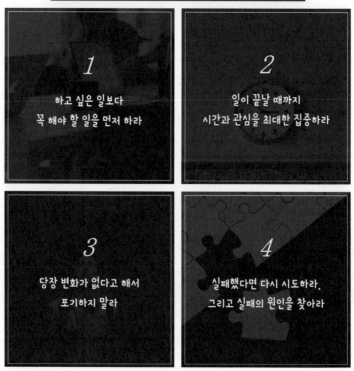

제목장 설명

제목 이미지는 한눈에 어떤 의미인지 알아볼 수 있도록 직관적인 편이 좋다. 제목에서 가장 중요한 단어를 이용해 이미지 사이트에 검색하면 쉽게 적합한 이미지를 찾을 수 있을 것이다.

글꼴 종류	국대떡볶이체
글씨 크기	60pt
특징	- 중요한 부분을 강조하기 위해 포인트 색을 추가했다.

내용장 설명

텍스트 중심의 카드뉴스는 내용과 관련된 이미지를 배경으로 꽉 채우고 도형을 씌워주는 편이 좋다. 이미지가 텍스트를 방해하지 않으면서, 내용과 관련된 이미지로 이해도를 높여주기 때문이다.

글꼴 종류	숫자 - 조선일보명조체 / 내용 - 야놀자 야체
글씨 크기	숫자 - 100pt / 내용 - 60pt
특징	- 카드뉴스가 허전하지 않게 테두리 선을 설정해주었다. [도형서식]에서 [실선]을 지정해주면 된다.

나열형 카드뉴스 제작하기 7

자기계발 노하우를 순차적으로 보여주기에 적합한 카드뉴스.

01 밤 생활을 관리하라.

다음날 아침은 이미 전날 밤에 결정된다.
밤 늦게까지 일하고, 술을 마시면 아침이 무너진다는 뜻.
성공적인 하루를 시작하려면 당신의 밤 생활부터 관리하자.

02 일찍 일어나라.

늦게 일어나면 하루가 개운치 못하고 시간을 손해 본다.
대부분 저녁엔 온전히 자기 시간을 갖기 어렵기에,
조금 일찍 일어나 아침을 여유 있게 시작하자.

03 스트레칭을 하라.

아침엔 몸이 완전히 깨어나지 않은 상태이다.
목, 허리, 어깨를 돌리며 구석구석 몸을 깨우자.
아침 스트레칭은 뭉쳐있던 몸을 피어나게 해 준다.

04 명상하라.

몸을 깨웠다면 이젠 머리를 깨울 시간.
눈을 감고 아무 생각 없이 멍하니 내 마음을 바라보자.
명상은 당신의 마음을 부드럽게 길들여 줄 것이다.

110

제목장 설명

제목에 텍스트가 많을 경우 색상이나 도형을 씌워 강조하는 방법도 있다. 이때 포인트 색을 하나로 통일할 필요가 있다.

글꼴 종류	소제목 – 주아체 / 대제목 – 노토산스체 / 창업백서 로고 – 포천 막걸리체
글씨 크기	소제목 30pt / 대제목 – 72pt

내용장 설명

대부분의 사람들은 내용의 소제목만 보고 카드뉴스를 넘긴다. 그러므로 소제목은 아래 내용을 요약한 문장으로 길지 않게 작성해야 하며, 아래 내용은 최대 4줄을 넘기지 않도록 한다.

글꼴 종류	소제목 – KoPub 돋움체 / 내용 – 나눔바른고딕체
글씨 크기	숫자 – 130pt / 소제목 – 45pt / 내용 – 28pt

나열형 카드뉴스 제작하기 8

여행지나 상품의 고급 정보를 보여주기에 적합한 카드뉴스.

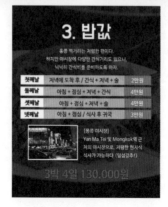

제목장 설명

여행지나 상품의 가격처럼 사람들이 가장 궁금하게 생각하는 요소를 강조해주어야 한다. 35만 원으로 다녀왔다는 것을 강조하기 위해 크기와 색을 달리하듯 말이다. 대제목으로 설명이 부족할 경우 소제목을 추가하여 도형을 씌워주면 가독성이 높아진다.

글꼴 종류	소제목 – 야놀자 야체 / 대제목 – 배달의민족 도현체
글씨 크기	소제목 – 32pt / 대제목 95pt(강조), 54pt(기본)

내용장 설명

고급 정보형 카드뉴스처럼 한 페이지에 글이 많이 들어갈 때 어떻게 하면 가독성을 높일 수 있는지 제작하는 과정을 직접 보여주겠다.

STEP1 내용장 만들기

구체적인 설명이 들어가 텍스트가 많을 경우 슬라이드 크기를 길지 않은 세로 비율로 맞추는 편이 좋다. 여기서는 4:5 비율이 적당하다.

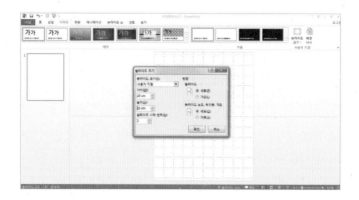

▶ 새로운 파워포인트를 생성 후 [너비]와 [높이]를 20×25로 조정한다.

STEP2 내용 ─ 이미지 삽입 후 도형 채우기

이미지를 꽉 채우고 도형을 씌우지만 이미지가 없는 것과는 큰 차이가 있다. 내용과 관련된 이미지를 삽입하면 집중도를 높일 수 있다.

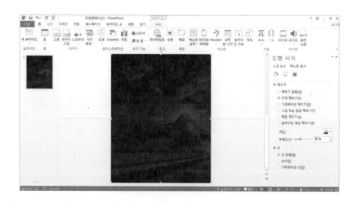

▶ [삽입] 탭 > [그림] > 원하는 이미지 선택 후 [삽입] 버튼을 누른다. [삽입] 탭 〉 [도형] 선택 〉 [직사각형]을 선택해 원하는 크기로 만든다. [채우기] 〉 [단색 채우기] 〉 검은색, 투명도 30% / [선없음]을 지정한다.

STEP3 내용 — 텍스트 삽입하기

이 페이지가 무엇을 설명하는지 한눈에 보이도록 텍스트를 넣어준다. 이때 텍스트 간의 간격을 잘 조절해 여백의 미를 주어야 가독성을 높일 수 있다.

▶ 삽입] 탭 > [텍스트 상자] 선택 > 원하는 텍스트를 작성한다.

글꼴 종류	제목 배달의민족 도현체 / 설명 나눔바른고딕체
글씨 크기	60pt / 18pt
글씨 색상	하얀색

STEP4 내용 — 도형 삽입하기

텍스트로만 설명을 채우면 눈이 피로해지기 쉽다. 도형을 추가해 중요한 부분을 강조해주는 것도 좋은 방법이다.

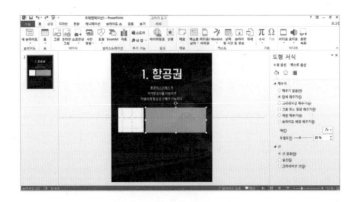

▶ [삽입] 탭 > [도형] 선택 > [직사각형]을 선택해 원하는 크기로 만든다. [도형서식] 선택 > [채우기는 [단색 채우기] > 하얀색 선택, 투명도는 왼쪽 도형은 0% / 오른쪽 도형은 30%로 설정, [선]은 [선 없음]을 선택한다.

STEP5 내용 — 텍스트 삽입하기

도형 위에는 항공권의 경로와 가격, 부가 설명들을 나누어 작성해준다.

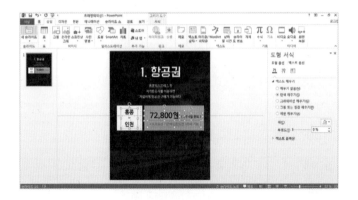

▶ [삽입] 탭 > [텍스트 상자] 선택 > 원하는 텍스트를 작성한다.

글꼴 종류	나눔바른고딕체
글씨 크기	왼쪽 도형 28pt / 가격 40pt / 부가설명 18pt
글씨 색상	검은색 / 분홍색

STEP6 내용 — 도형 삽입하기

화살표 도형을 삽입하면 텍스트를 자연스럽게 연결시켜주는 역할을 한다.

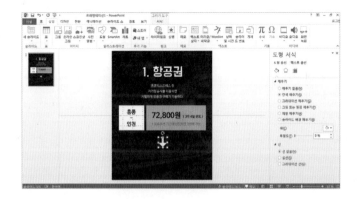

▶ [삽입] 탭 > [도형] 선택 > [아래쪽화살표]를 선택해 원하는 크기로 만든다. [도형서식] 선택 > [채우기]는 [단색 채우기] > 하얀색 선택, [선]은 [선 없음]을 선택한다.

STEP7 내용 — 텍스트 삽입하기

이 페이지에서 가장 중요한 내용인 티켓 가격을 눈에 띄게 해야 한다.

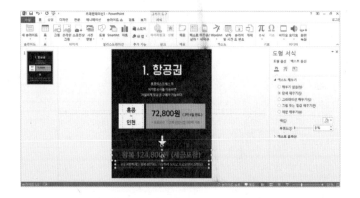

▶ [삽입] 탭 > [텍스트 상자] 선택 > 원하는 텍스트를 작성한다.

글꼴 종류	나눔바른고딕체
글씨 크기	40pt / 18pt
글씨 색상	분홍색 / 하얀색

118

특정 주제의 정보를 배경색 중심으로 소개하기 적합한 카드

뉴스.

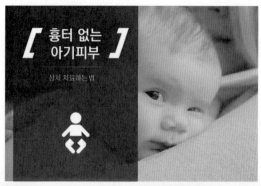

제목장 설명

투명도 있는 도형을 부분적으로 씌워 이미지와 텍스트를 적절히 강조해주는 카드뉴스다. 이렇게 하면 세련된 카드뉴스를 만들 수 있다.

글꼴 종류	대제목 – KoPub 돋움체 / 소제목 – 조선일보명조체
글씨 크기	대제목 – 43pt / 소제목 – 20pt
특징	– 괄호를 삽입해 제목을 강조해 주었다 (도현체, 96pt) – 대제목과 소제목은 폰트와 크기로 차이를 주었고, 사이에 선을 추가해 뚜렷이 구분해주었다. – 아래 부분에 픽토그램을 추가해 허전함을 보완했다. [삽입] > [그림] 삽입 후 > [그림서식] > 밝기 100% 설정

내용장 설명

제목에 씌운 도형과 같은 색의 도형을 이미지 한쪽으로 몰아 통일감을 주었다. 이때 도형의 방향을 바꾸어 삽입하면 지루하지 않은 카드뉴스를 제작할 수 있다.

글꼴 종류	KoPub 돋움체
글씨 크기	소제목 – 36pt / 내용 – 20pt
특징	– 내용장 도형은 가독성을 위해 투명도를 주지 않았다. – 텍스트를 작성할 때, 글자 수를 맞추면 들쑥날쑥하지 않아 깔끔하게 보인다. – 내용에 맞추어 선을 삽입하면 정렬된 느낌을 준다.

강의나 행사 등을 텍스트 중심으로 홍보하기 적합한 카드뉴스

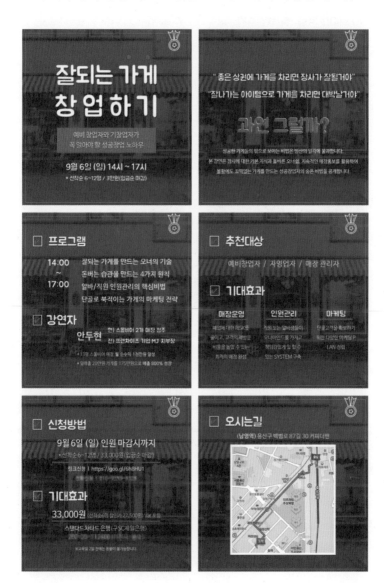

템플릿 설명

한 가지 템플릿에 다른 내용을 담는 카드뉴스로 강의나 행사의 커리큘럼, 위치, 시간 등을 소개하기에 좋다. 템플릿을 어떻게 제작하는지 보여주겠다.

STEP1 제목장 사이즈 설정 후 이미지 삽입하기

▶ [디자인] 탭 > [슬라이드 크기] 선택 > 정사각형(25×25)으로 설정한다. [삽입] 탭 > [그림] 선택 > 원하는 이미지 선택 후 삽입한다.

STEP2 제목 — 도형, 테두리 삽입하기

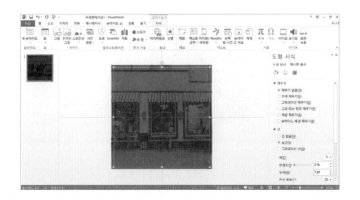

▶[정사각형] 삽입 > [단색 채우기] > 검은색, 투명도 30%
[선 없음] 지정, [정사각형] 삽입 > [채우기] 없음, [실선] 하얀색,
두께 2pt 설정

STEP3 픽토그램 삽입하기

한 가지 템플릿으로 통일된 콘텐츠일 경우 픽토그램을 삽입
해 포인트를 주면 좋다.

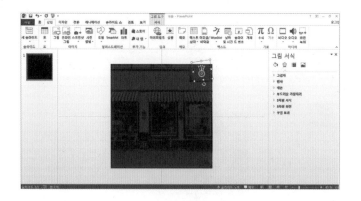

▶ [삽입] 탭 > [그림]을 선택한다. 원하는 이미지를 선택한 후 [삽입] 버튼을 누른다.

내용장 설명

각 페이지에 들어갈 내용을 삽입한다. 강조할 부분에는 도형을 씌워주거나, 밑줄을 긋는 방식으로 페이지마다 포인트를 주어 지루함을 느끼지 않고 콘텐츠에 몰입하게 하는 것이 중요하다.

06 스토리텔링형 카드뉴스 제작 실무

기승전결이 살아 있는 이야기를 전하는 카드뉴스로 정보를 찾고 가공하는 데 시간이 많이 걸리지만, 그만큼 스토리 몰입도가 높아 효과가 좋다. 어떤 메시지를 담을지가 가장 중요하다.

스토리텔링형 카드뉴스 카테고리

1. 자기계발 방법 등의 노하우를 이야기로 설명해줄 때.

2. 기업이나 브랜드의 성공 스토리를 들려주어 홍보하려 할 때.

3. 이슈나 정보, 새로운 소식을 전문적인 뉴스처럼 전달하고자 할 때.

자기계발 노하우 등을 이야기로 엮어 전달하기에 적합한 카드

뉴스.

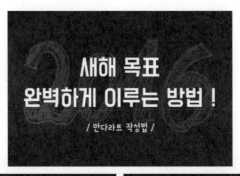

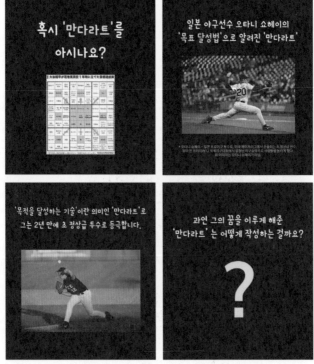

1. 9칸의 네모박스 총 9개 중
가운데 박스 중심에 목표를 적습니다.

2. 목표를 이루기 위해
필요한 8가지를 남은 칸에 채웁니다.

상권	아이템	돈
체력	창업	홍보
마인드	창업정보	사업계획서

3. 8가지 각각에 대해
필요한 세부 계획을 채워 줍니다.

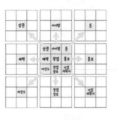

4. 이렇게 작성한 만다라트를
눈에 잘 보이는 곳에 두고 실천합니다.

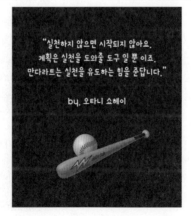

오타니 쇼헤이가 하나마키히가시고 1학년때 세운 목표 달성표

"실천하지 않으면 시작되지 않아요.
계획은 실천을 도와줄 도구 일 뿐 이죠.
만다라트는 실천을 유도하는 힘을 준답니다."

by. 오타니 쇼헤이

STEP1 제목장 사이즈 설정하기

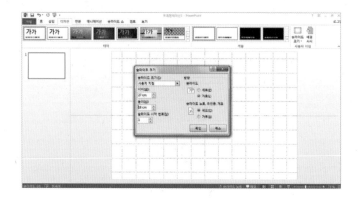

▶ [디자인] 탭 > [슬라이드 크기]를 선택한다. [너비]와 [높이]를 조정한 후 [확인]을 누른다. 직사각형(27×18) 사이즈로 설정한다.

STEP2 제목 ― 이미지 삽입하기

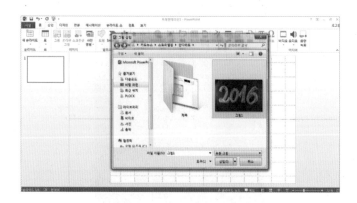

▶ [삽입] 탭 > [그림]을 선택한다. 원하는 이미지를 선택한 후 [삽입] 버튼을 누른다.

STEP3 제목 — 도형 삽입하기

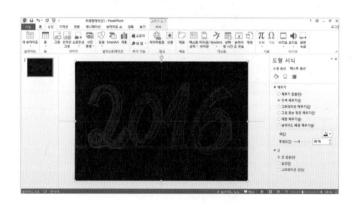

▶ [삽입] 탭 > [도형] 선택 > [직사각형]을 선택해 원하는 크기로 만든다. [도형서식] 선택 > [채우기]는 [단색 채우기] > 검은색 선택, 투명도는 30%, [선]은 [선 없음]을 선택한다.

STEP4 제목 — 텍스트 삽입하기

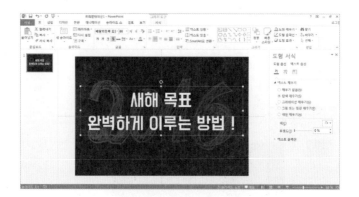

▶ [삽입] 탭 > [텍스트 상자] 선택 > 원하는 텍스트를 작성한다.

글꼴 종류	배달의 민족 도현체
글씨 크기	66p
글씨 색상	하얀색

STEP5 제목 — 소제목 텍스트 삽입하기

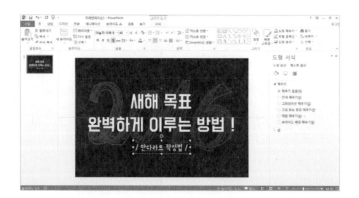

▶ [삽입] 탭 > [텍스트 상자] 선택 > 원하는 텍스트를 작성한다.

글꼴 종류	야놀자 야체
글씨 크기	40pt
글씨 색상	노란색

STEP6 내용장 만들기

세로 직사각형으로 맞춰준다. 이 콘텐츠는 22×25 비율로 제작했다.

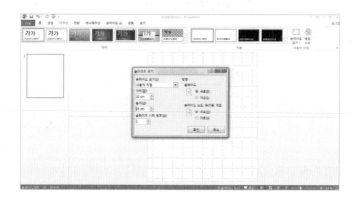

▶ 새로운 파워포인트를 생성 후 [너비]와 [높이]를 세로 직사각형 사이즈로 설정한다.

STEP7 서론 — 배경 색상 설정하기

스토리텔링형 카드뉴스는 이야기하는 톤에 따라 배경색을 달리하면 좋다. 본 카드뉴스는 말하는 듯한 서론 부분과 설명하는 본론 부분으로 구분했다.

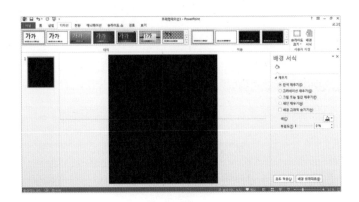

▶ [배경서식] > [단색] 선택 후 검은색을 지정한다.

STEP8 서론 — 텍스트 삽입하기

본론의 내용을 더 읽고 싶게 하는 텍스트를 적으면 좋다. 한 페이지에 한 문장을 넣어 자연스럽게 다음 페이지로 넘기게 한다.

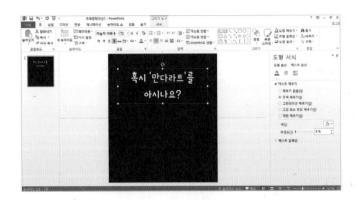

▶ [삽입] 탭 > [텍스트 상재 선택 > 원하는 텍스트를 작성한다.

글꼴 종류	야놀자 야체
글씨 크기	72pt
글씨 색상	기본 하얀색 / 강조 노란색

STEP9 서론 — 이미지 삽입하기

▶ [삽입] 탭 > [그림]을 선택한다. 원하는 이미지를 선택한 후 [삽입] 버튼을 누른다.

STEP10 본론 — 페이지 추가하고 배경 색상 설정하기

말하는 듯한 서론과 구분되게끔 설명하는 본론은 하얀색으로 배경색을 달리했다.

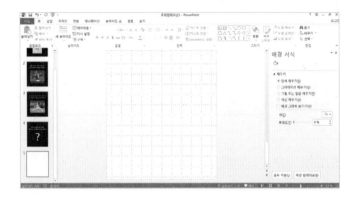

▶ [홈] 탭 > [새 슬라이드]를 선택해 내용장을 추가한다. [배경서식] > [단색 채우기]를 선택해 하얀색으로 설정한다.

STEP11 본론 — 설명 텍스트 삽입하기

서론에서 만다라트가 무엇인지 설명해 궁금증을 유발했다. 본론에서는 만다라트 작성법을 순서대로 소개해주고 있다. 설명은 너무 길거나 복잡하면 안 된다.

▶ [삽입] 탭 > [텍스트 상자] 선택 > 원하는 텍스트를 작성한다.

글꼴 종류	야놀자 야체
글씨 크기	48pt
글씨 색상	주황색 / 검은색

STEP12 본론 — 표 삽입하기

본론의 설명을 이해하기 쉽게 표를 삽입해주는 방법도 있다.

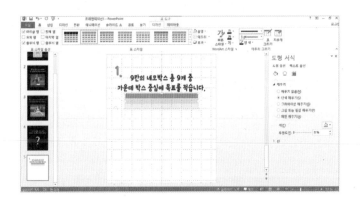

▶ [삽입] 탭 > [표] 선택 > 3×3 표를 만들어준다.

STEP13 본론 — 표 디자인하기

표의 색상을 지우고 테두리만 칠해준다. 그리고 정사각형으로 만들어준다.

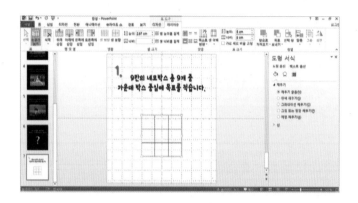

▶ [표도구] > [디자인] 탭 > [음영] 선택 후 [채우기 없음]을 설정하고, [테두리] 선택 후 [모든 테두리]를 눌러준다. [표도구] > [레이아웃 탭 > 높이와 너비를 8cm로 설정한다.

STEP14 본론 — 표 색상 설정하기

강조해야 하는 칸은 색상을 지정한다.

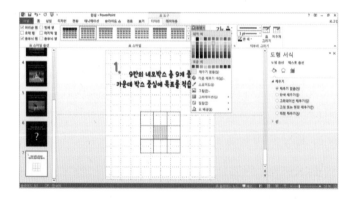

▶ 강조칸을 선택한 후 > [디자인] 탭 > [음영]을 선택해 색을 지정한다.

STEP15 본론 — 텍스트 삽입하기

설명에 맞게 텍스트를 추가해 이해를 돕는다.

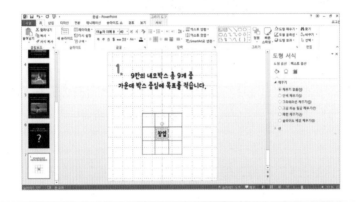

▶ [삽입] 탭 > [텍스트 상자] 선택 > 원하는 텍스트를 작성한다.

글꼴 종류	야놀자 야체
글씨 크기	40pt
글씨 색상	검은색

STEP16 마무리 — 배경색 지정하기

마무리 멘트를 임팩트 있게 전달하기 위해선 배경색을 검은 색으로 지정한다.

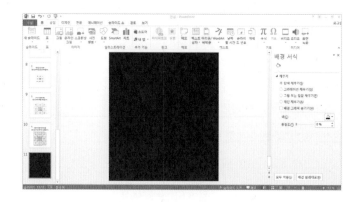

▶ [홈] 탭 > [새 슬라이드]를 선택해 새로운 장을 추가한다.
[배경서식] > [단색 채우기]를 선택해 검은색으로 지정한다.

STEP17 마무리 — 텍스트 삽입하기

만다라트 관련 야구선수의 명언을 마무리 멘트로 넣어준다.

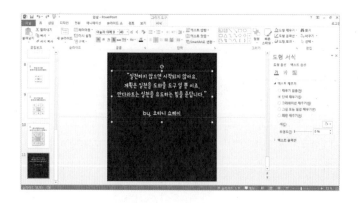

▶ [삽입] 탭 > [텍스트 상자 선택] > 원하는 텍스트를 작성한다.

글꼴 종류	야놀자 야체
글씨 크기	40pt
글씨 색상	하얀색

STEP18 마무리 — 이미지 삽입하기

이미지의 불필요한 부분을 투명하게 해줄 수 있다. 우선 이미지를 삽입하자. 배경에 무늬가 있거나 색상이 여러 가지라면 투명도가 설정되지 않으니, 이미지는 가급적 단조로운 것으로 사용하자.

▶ [삽입] 탭 > [그림]을 선택한다. 원하는 이미지를 선택한 후 [삽입] 버튼을 누른다.

STEP19 마무리 ─ 투명도 설정하기

야구공과 배트를 남겨두고, 이미지 속 배경을 투명하게 설정
해주자.

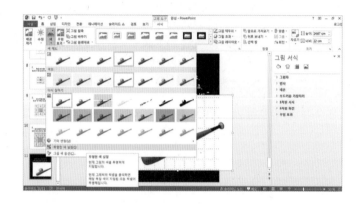

▶ [서식] 탭 > [색]을 선택한다. [투명한 색 설정]을 선택 >
투명도를 설정할 부분을 클릭한다.

STEP20 마무리 ─ 크기 지정하기

투명도가 들어간 이미지를 원하는 크기로 조정해준다. 이때
이미지의 각도를 조절할 수도 있다.

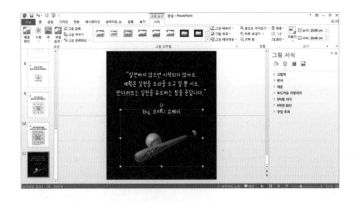

▶ 강조 칸 선택한 후 > [그림서식] > [단색 채우기]를 선택해 색을 지정한다.

스토리텔링형 카드뉴스 제작하기 2

기업과 브랜드의 성공 스토리를 홍보하기에 적합한 카드뉴스.

그런데 양도 많다.
1L를 시켜도 비용은 **2800원**

01. 주스 (juice)

주스	M	L	주스	M	L
키위	1,500	2,800	자바(자몽+레몬+레몬혼합)	2,000	3,800
사과	1,500	2,800	자몽	2,000	3,800
오렌지	1,500	2,800	딸기	2,000	3,800
바나나	1,500	2,800	오뚜(딸기+바나나혼합)	2,000	3,300
토마토	1,500	2,800	알바(딸기+바나나)	2,000	3,300
파인애플	1,500	2,800	망고	2,000	3,300
코코아너지	1,500	2,800	블루베리	2,000	3,300
			자비(키위+바나나)	2,000	3,800

웬만한 아메리카노 보다 싼
생과일 주스

서울 어떤 매장에서는
하루에 **3천 잔씩 판매** 된다고 하는데,

그런데 순수익이 절반을 넘는다고 함

1,500원에 **절반이 순수익**일 경우,

3,000잔을 판매한다면

하루 **225만원**의 순수익을 남긴다.

한달에 약 6천만원 정도 ㅎㄷㄷ

끊임없이 가맹문의를 받고 있는 쥬씨.
어떻게 이렇게 엄청난 속도로
성장 할 수 있었을까?

9/16

첫째, 원자재를 직접 확보하고 있다.

본사가 과일 농장을 가지고 있어,
싼 값에 생과일 주스를 제공 할 수 있다.

10/16

둘째. 현재의 트랜드를 잘 파악했다.

싸고 양 많은 것에 집중하고 있다.
이는 빽다방이 뜨고 있는 것과 같은 이유다.

11/16

셋째. 메뉴를 하나에 집중한다.

디저트 없이 음료만 집중해서 판매한다.
특히 생과일 쥬스를 전문적으로 다룬다.

12/16

144

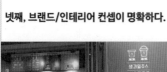

넷째, 브랜드/인테리어 컨셉이 명확하다.

신선한 생과일 주스 컨셉을 잘 담은 쥬씨는
주스 이미지와 컨셉이 상당히 일치한다.

13/16

현재 두 달 만에
가맹점 50호를 달성했다는 쥬씨.

14/16

세상에는 **혁신적인 아이템**만
살아남는 것은 아니다.

15/16

시장의 **명확한 니즈**와
명백한 수익 구조만 갖고 있다면
누구라도 도전 할 수 있다.

페이지 좋아요를 누르고 창업관련 소식을 구독해 보세요!

16/16

템플릿 설명

  기승전결이 있는 스토리텔링형 카드뉴스는 세로 사이즈로 제
작해서 스마트폰 화면을 가득 채울 때 가독성이 가장 좋다. 템플

릿은 크게 세 가지로 나뉜다. 이미지를 꽉 채워 텍스트를 강조한 장과, 배경화면에 텍스트만 채운 장과, 이미지와 텍스트를 적절히 배열해 노하우를 설명하는 장이다. 카드뉴스 페이지는 총 20장을 넘기지 않도록 하고, 장마다 페이지를 표시해주자.

이미지를 꽉 채운 장

이미지를 채우면 텍스트의 주목도가 높아진다. 이 템플릿은 주로 첫 장이나, 마지막 멘트, 반전효과를 줄 때 많이 사용한다. 사람들은 카드뉴스의 첫 장을 보고서 전체를 읽을지 말지 결정하기 때문에 첫 장은 디자인보다 가독성에 중점을 둬서 제작해야 한다.

글꼴 종류	나눔바른고딕체
글씨 크기	기본 – 36pt / 강조 – 54pt
특징	– 메시지를 전달할 때는 배경색을 달리한 후 픽토그램을 삽입해 강조하는 방법도 있다.

텍스트 강조장

텍스트만 적는 장은 최대한 간결하게 만드는 것이 특징이다.

브랜드 이름을 적을 때는 로고를 추가하면 좋다.

바로 생과일 주스 전문점

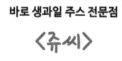

3/16

글꼴 종류	나눔바른고딕체 / 미생체
글씨 크기	상단 – 36pt / 하단 – 96pt
특징	– 로고와 브랜드 이름은 색상을 통일했다.

노하우 설명장

성공 노하우를 설명해줄 때는 텍스트와 이미지를 적절히 안배해 소제목과 내용을 읽기 편하게 해준다.

글꼴 종류	나눔바른고딕체
글씨 크기	소제목 – 32pt / 내용 – 24pt
특징	– 이미지를 가운데 넣어 소제목과 내용을 구분했다.

스토리텔링형 카드뉴스 제작하기 3

이슈나 새로운 소식을 전문적인 뉴스처럼 전달하기에 적합한 카드뉴스.

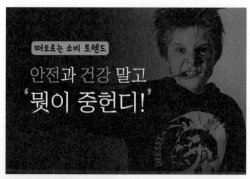

‘ 특히 천연 제품 시장 은 앞으로 ’
엄청나게 성장할 예정입니다.

아기엄마들은 벌써 퐁퐁같은 세재 대신
베이킹소다 같은 천연 세정제를
사용하기 시작했고

실제로 한 온라인쇼핑몰은
친환경 세제의 매출이
전년대비 163%나 증가했답니다.

또 젊은이들의 천연화장품에 대한 관심이 늘어
화장품 키워드 중 검색을 1위를 차지하며

'천연화장품' ▼

화장품을 대하는 태도가
확연히 달라졌습니다.

먹거리 또한 마찬가지입니다.
유기농 먹거리의 인기가 늘며
유기농 제품 배달 서비스가
나오기도 했습니다.

천연
제품   유기농   자연

앞으로 더욱 성장할 이 분야를 살려
새로운 사업을 구상 해보는 건 어떨까요?

" 천연제품 시장의 전망이 밝아오고 있습니다 "

150

템플릿 설명

뉴스형 카드뉴스는 그러데이션을 강조해 제작했다. 그 외에는 텍스트 강조장과 배경색 강조장을 조화롭게 추가해주었다. 카드뉴스를 같은 패턴으로만 채운다면 이야기를 읽을 때 지루함을 느낄 수 있으니, 이야기의 전개에 맞춰 카드 스타일에 변화를 주는 것이 중요하다. 그래야 스토리의 기승전결에 힘이 실린다.

그러데이션장

그러데이션장은 이미지 위에 계조階調가 있는 도형을 삽입하여 이미지와 텍스트를 자연스럽게 보여주는 효과가 있다. 가독성이 높고 말하는 듯한 느낌이나 임팩트를 주기에 좋다. 그러데이션 도형은 종류나 방향, 각도, 색상 등을 조절해 이미지에 맞게 바꿀 수 있다. 제작하는 방법을 알아보자.

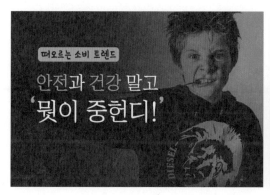

STEP1 사이즈 설정 후 이미지 삽입하기

제목장은 가로 비율로 설정하고 이미지를 삽입해준다. 그러데이션장일 경우 핵심 이미지만 크게 보여주는 것이 좋으므로 이미지를 키우도록 한다.

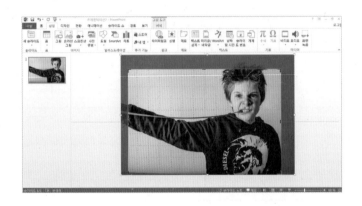

▶ [디자인] 탭 > [슬라이드 크기]를 직사각형(27×18) 사이즈로 설정한다. [삽입] 탭 > [그림] 삽입 후 > [서식] 탭 > [자르기]로 조절한다.

STEP2 도형 삽입하고 그러데이션 칠하기

그러데이션 도형은 이미지와 텍스트를 조화롭게 하며 가독성을 높여준다.

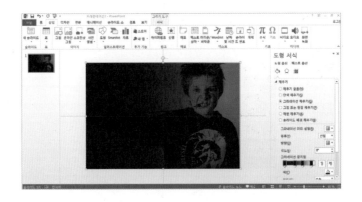

▶ [삽입] 탭 > [도형] 선택 > [직사각형]을 선택해 원하는 크기로 만든다. [도형서식] > [채우기]는 [그러데이션 채우기] 선택, [선]은 [선 없음]을 선택한다. [종류]는 선형 > [방향]은 오른쪽 > [각도]는 0%로 지정해준다. [그러데이션 중지점]의 [색상]은 검은색으로 지정, 아래 표대로 설정한다.

	1번	2번	3번	4번
위치	0%	35%	60%	90%
투명도	10%	15%	50%	100%

STEP3 소제목 도형 삽입하기

소제목을 삽입해주거나 시리즈 콘텐츠일 경우 시리즈명을 넣어주어도 좋다. 본 컨텐츠는 소비트렌드 시리즈 카드뉴스다.

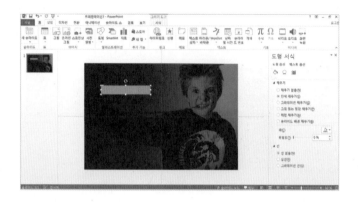

▶ [삽입] 탭 > [도형] 선택 > [직사각형]을 선택해 원하는 크기로 만든다. [도형서식] > [채우기]는 [단색 채우기] > 노란색 선택, [선]은 [선 없음]을 선택한다.

STEP4 제목 — 텍스트 삽입하기

소제목 도형 위에는 시리즈 이름을 삽입했다. 강조할 텍스트에는 도형과 같은 색상을 입혔다. 따옴표, 괄호 등을 활용하면 말하는 듯한 느낌을 줄 수 있어 특색 있는 카드뉴스를 만들 수 있다.

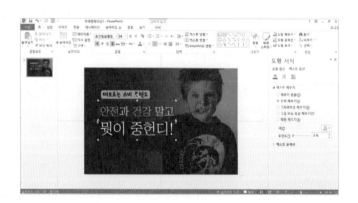

154

▶ [삽입] 탭 > [텍스트 상자] 선택 > 원하는 텍스트를 작성한다.

글꼴 종류	소제목 – 미생체 / 제목 – 조선일보명조체 / 따옴표 – 국대떡볶이체
글씨 크기	소제목 – 44pt / 제목 – 54pt, 72pt / 따옴표 – 66pt
글씨 색상	소제목 – 검은색 / 강조, 따옴표 – 노란색 / 기본 – 하얀색

텍스트 강조장

배경 이미지 없이 텍스트를 강조해주는 페이지다. 텍스트와 관련된 이미지나 도형을 삽입해 이해하는 데 도움이 되도록 한다.

글꼴 종류	KoPub 돋움체
글씨 크기	기본 – 28pt / 강조 – 44pt / 검색 – 20pt
특징	– 검색과 관련된 내용이라 검색창을 도형으로 만들어 내용의 주목도를 높여주었다.

배경색 강조장

앞에서 포인트를 주던 색상을 배경색으로 지정해 반전이나 강조할 할 때 좋다. 이때 포인트를 주어야 할 텍스트는 도형을 삽입하거나, 텍스트의 색상 혹은 폰트에 차이를 주어 부각되게 한다.

글꼴 종류	KoPub 돋움체 / 미생체
글씨 크기	원 – 32pt / 기본 – 28pt / 따옴표 – 48pt
특징	– 자칫 허전해보일 수 있어 픽토그램과 원 도형을 삽입해 부가 설명을 해주었다.

07 나열형+스토리텔링형 카드뉴스 제작 실무

도입부는 스토리텔링형, 정보는 나열형으로 풀어낸 카드뉴스로 단순히 정보를 제공하기보다 구독자의 궁금증을 유발하는 것이 특징이다. 단순 나열형보다 몰입도가 높고, 정식 스토리텔링형에 비해 제작 부담이 적다. 정보를 어떤 스토리로 전달하는가가 관건이다.

나열형+스토리형 카드뉴스 카테고리

1. 주제에 대한 스토리 형식의 서론과 나열 형식의 근거를 텍스트로 풀어줄 때.

2. 제품이나 서비스를 이야기로 소개하고 나열형으로 사용법을 설명해줄 때.

칼럼, 노하우 등을 풀어 전달하기에 적합한 카드뉴스.

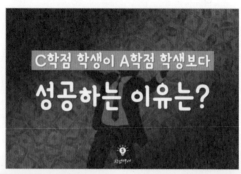

02 완벽 주의자가 아니다.

빌 게이츠는 힘든 일을 게으른 사람에게 맡긴다고 한다.
그들은 일을 이루기 위해 더욱 쉬운 방법을 찾아내기 때문.
'완벽'보다 '완료'에 집중하여 빠른 시간 안에 할 일을 끝낸다.
덕분에 실전에 뛰어들고, 실수를 통해 성장하는 방법을 찾는다.

03 항상 미래에 대해 고민한다.

성적에 집착하면 미래에 대해 충분히 고민할 시간이 부족하다.
C학점 학생들은 자신에게 불필요한 수업에 집착하지 않기 때문에
남는 시간을 어떻게 쓰고, 어떤 목표를 둘지 자연스레 고민하게 된다.

04 나만의 성공에 기준을 세운다.

이들은 사회적인 성공의 기준에 자신을 비교하지 않는다.
성공은 자신이 좋아하는 일을 해야 거둘 수 있단 것을 알고
자신만의 기준을 정의해 자신만의 길을 간다.

05 인맥을 활용한다.

A학점의 학생이 성적에 매진할 때 C학점 학생은 사람들과 소통한다.
인맥을 쌓고 소통하는 능력은 그 사람의 인생을 바꿀 수 있다.
그들은 자기 약점을 보완 해주는 다른 사람의 능력을 활용한다.

06 인생을 즐길 줄 안다.

행복한 사람이 다른 사람보다 더 성공한다.
그들은 같이 있을 때 즐겁고, 주변 사람의 사기를 북돋고,
상사가 항상 찾을 정도로 센스 있는 업무 능력을 보여준다.
우울하고 부정적인 사람은 아무리 똑똑해도 인정받기 어렵다.

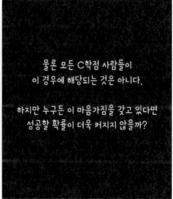

물론 모든 C학점 사람들이
이 경우에 해당되는 것은 아니다.

하지만 누구든 이 마음가짐을 갖고 있다면
성공할 확률이 더욱 커지지 않을까?

STEP1 제목장 사이즈 설정하기

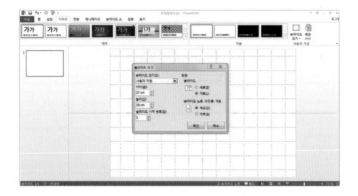

▶ [디자인] 탭 > [슬라이드 크기]를 선택한다. [너비]와 [높이]를 조정한 후 [확인]을 누른다. 직사각형(27×18) 사이즈로 설정한다.

STEP2 제목 — 이미지 삽입하기

▶ [삽입] 탭 > [그림]을 선택한다. 원하는 이미지를 선택한 후 [삽입] 버튼을 누른다.

STEP3 제목 ─ 도형 삽입하기

▶ [삽입] 탭 > [도형] 선택 > [직사각형]을 선택해 원하는 크기로 만든다. [도형서식] 선택 > [채우기]는 [단색 채우기] > 검은색 선택, 투명도는 30%, [선]은 [선 없음]을 선택한다.

STEP4 제목 — 텍스트 삽입하기

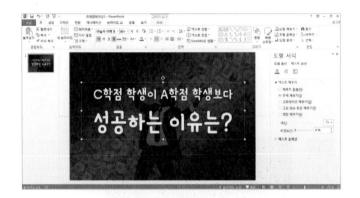

▶ [삽입] 탭 > [텍스트 상자] 선택 > 원하는 텍스트를 작성한다.

글꼴 종류	야놀자 야체
글씨 크기	66pt / 115pt
글씨 색상	하얀색

STEP5 제목 — 도형 삽입하기

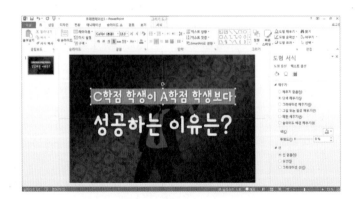

▶ [삽입] 탭 > [도형] 선택 > [직사각형]을 선택해 원하는 크기로 만든다. [도형서식] 선택 > [채우기]는 [단색 채우기] > 분홍색 선택, [선]은 [선 없음]을 선택한다.

STEP6 내용장 만들기

세로 직사각형으로 맞춰준다. 이 컨텐츠는 22×25 비율로 제작했다.

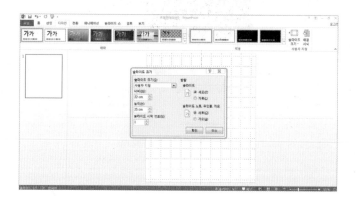

▶ 새로운 파워포인트를 생성 후 [너비]와 [높이]를 세로 직사각형 사이즈로 설정한다.

STEP7 스토리형 서론 — 배경 색상 설정하기

나열형+스토리텔링형 콘텐츠일 경우 말하는 듯한 스토리 페이지는 배경을 검은색으로, 핵심을 정리하는 나열형 페이지는 배경을 하얀색으로 설정한다. 꼭 검은색과 하얀색일 필요는 없으나 배경색을 달리해 분위기를 반전시켜주는 것이 핵심이다.

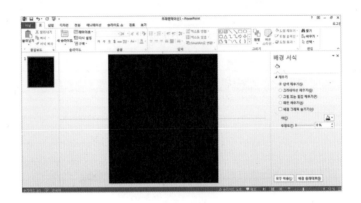

▶ [배경서식] > [단색] 선택 후 검은색을 지정한다.

STEP8 스토리형 서론 — 텍스트 삽입하기

한 페이지에 너무 많은 텍스트를 넣으면 읽고 싶은 마음이 들지 않는다. 텍스트 양을 줄이고 텍스트 크기와 행간을 넓혀 피로감을 덜어주어야 한다.

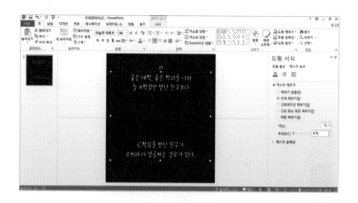

▶ [삽입] 탭 > [텍스트 상자 선택 > 원하는 텍스트를 작성한다.

STEP9 스토리형 서론 — 이미지 삽입하기

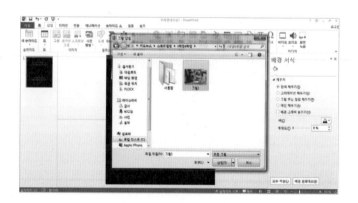

▶ [삽입] 탭 > [그림]을 선택한다. 원하는 이미지를 선택한 후
[삽입] 버튼을 누른다.

STEP10 나열형 본론 — 페이지 추가하고 배경색상 설정하기

앞서 설명했듯 배경 색상으로 스토리와 나열형 페이지를 구분해준다.

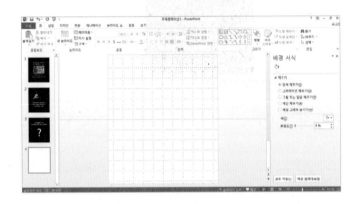

▶ [홈] 탭 > [새 슬라이드]를 선택해 내용장을 추가한다. [배경서식] > [단색 채우기]를 선택해 하얀색으로 설정한다.

STEP11 나열형 본론 — 텍스트 삽입하기

소제목은 아래 들어갈 내용을 요약해 한 문장으로 줄여주도록 한다.

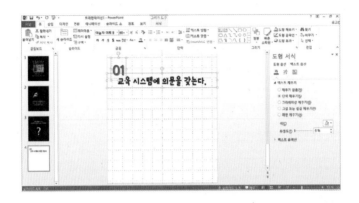

▶ [삽입] 탭 > [텍스트 상자] 선택 > 원하는 텍스트를 작성한다.

글꼴 종류	야놀자 야체
글씨 크기	96pt / 60pt
글씨 색상	분홍색 / 검은색

STEP12 나열형 본론 — 이미지 삽입하기

이미지의 가운데를 얇게 잘라서 넣어준다. 글을 읽을 때 이미지로 인해 텍스트가 방해받지 않게 되므로 가독성을 높일 수 있다.

▶ [삽입] 탭 > [그림]을 선택한다. 원하는 이미지를 선택한 후 [삽입] 버튼을 누른다. 이미지를 잘라주려면 [서식] 탭 > [자르기]를 선택해 사이즈를 조절하면 된다.

STEP13 나열형 본론 — 도형 삽입하기

이미지의 색상이 화려할 경우 텍스트를 읽을 때 방해가 될수 있다. 이런 경우 이미지 위에 투명도 있는 도형을 씌워주면된다.

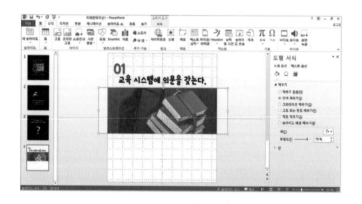

▶ [삽입] 탭 > [도형] 선택 > [직사각형]을 선택해 원하는 크기로 만든다. [도형서식] 선택 > [채우기]는 [단색 채우기] > 하얀색 선택, 투명도는 30%, [선]은 [선 없음]을 선택한다.

STEP14 나열형 본론 — 텍스트 삽입하기

텍스트의 글자 수를 맞추면 더욱 깔끔하게 보인다.

▶ [삽입] 탭 > [텍스트 상자] 선택 > 원하는 텍스트를 작성한다.

글꼴 종류	나눔바른고딕체
글씨 크기	22pt
글씨 색상	검은색

나열형＋스토리텔링형 카드뉴스 제작하기 2

제품이나 아이템을 설명해주기에 적합한 카드뉴스.

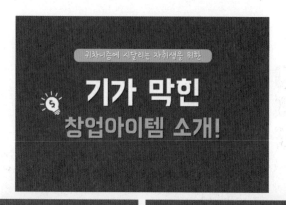

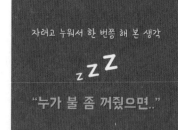

스위처
설치방법!
2. 스마트폰 연동

스마트 폰과 스위처 간의 블루투스 통신을
이용해 원격으로 전원을 ON/OFF 합니다.

스위처
설치방법!
3. USB 케이블 충전

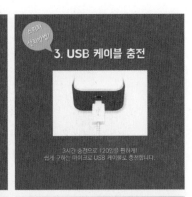

3시간 충전으로 120일을 편하게!
쉽게 구하는 마이크로 USB 케이블로 충전합니다.

스위처를 창업한 이들은
잠들기 전 채팅을 하다가
"누가 불 좀 대신 꺼줬으면.."
하는 말에 아이디어를 얻었답니다.

그들은 편리하고 실용적인 제품으로
누구나 쉽게 스마트 홈을 누리는
세상을 만들고 싶다고 합니다.

이젠 불을 끄기 위해
바쁜 아침 신발을 벗거나,
언니의 짐부름에 달려가거나,
아기를 재우고 다시 일어나거나,
아픈 몸을 일으키는 수고를
내려놓아도 좋습니다.

한달 대여료 1800원.
커피 한 잔 줄인다 생각하고
스마트한 라이프를 즐기는 건 어떨까요?

제목장 설명

배경색과 포인트 색을 제품이나 아이템의 주요색을 사용해 콘셉트를 통일한 카드뉴스다. 배경색은 눈에 피로감을 주는 색상을 피하는 편이 좋다.

글꼴 종류	소제목 – 미생체 / 대제목 – 배달의민족 한나체
글씨 크기	소제목 – 38pt / 대제목 – 96pt(상단) 72pt(하단)
특징	– 이미지가 없어 자칫 허전해보일 수 있어 관련 아이콘을 추가해주었다.

내용장 설명

나열형＋스토리텔링형인 만큼 구분을 잘 지어주어야 한다. 제품의 이야기를 들려주는 도입부에는 이미지를 삽입하지 않고, 나열형으로 사용법을 설명할 땐 이미지를 삽입하는 방식으로 다른 느낌을 주어야 사람들이 헷갈리지 않는다.

특징	– 제품 스토리를 텍스트로만 적을 때는 아이콘을 삽입하거나 포인트 색을 주면 몰입도가 생긴다.
	– 이미지를 삽입할 때 액자 느낌으로 테두리를 쳐주면 깔끔하게 보여 완성도를 높일 수 있다.
	– 말풍선 도형을 이용해 간단한 설명을 더해주면 더욱 친절한 카드뉴스가 될 것이다.

Tip 카드뉴스 유료 제작 툴 소개

1. tyle.io

카드뉴스 자동 제작툴인 '타일(www.tyle.io)'은 한국 기업이 시작한 서비스로 텍스트를 입력하는 것만으로도 손쉽게 카드뉴스를 만들 수 있다. 콘텐츠에 적합한 각종 폰트를 쉽게 설정할 수 있고, 미적 감각이 부족한 사람이라도 다양한 색상 패턴을 비교하면서 최적의 것을 고를 수 있다. 배포하는 채널에 따라 최적화된 크기의 카드뉴스를 만드는 것도 무척 중요한데, 타일을 이용하면 이런 과정도 너무나 쉽게 끝난다. 테마, 배치, 글꼴, 색상, 사진필터 등을 제공하기 때문에 몇 번의 설정만으로 손쉽게 고품질의 콘텐츠를 만들 수 있기 때문이다. 이용료 또한 매우 저렴하다.

2. canva

해외에서 제공되는 서비스로 웹포스터부터 카드뉴스까지 다양한 디자인 작업물을 만들 수 있는 유용한 툴이다. 'canva(www.canva.com)'는 Social Media, Presentation, Poster 등 기본 9가지의 디자인 레이아웃을 지원하는데 무척 직관적이다. 월 이용료를 내는 유료 서비스는 다양한 템플릿을 제공하며 텍스트와 이미지를 수정해서 원하는 콘텐츠를 제작할 수 있다.

4

카드뉴스
퍼트리기

카드뉴스를 제작했다면 이제 각자의 SNS 채널에 콘텐츠를 올려 홍보하는 일만 남았다. 잘 만들어진 카드뉴스는 그 자체의 힘만으로도 많은 사람에게 도달될 가능성이 있지만, 자신의 채널을 구독하는 사람이 적을 경우 큰 파급력을 기대하기는 어렵다. 카드뉴스를 제작하는 데에는 적지 않은 시간과 품이 든다. 소재를 발굴하고 다듬고 만드는 데 들인 수고의 보상을 받지 못한다면 마음이 상해 더 이상 카드뉴스 제작에 흥미를 느끼지 못할 수도 있다. 구슬이 서 말이라도 꿰어야 보배이듯이, 좋은 카드뉴스 콘텐츠를 제작했다면 널리 퍼트려 마케팅 효과를 누리도록 홍보에 박차를 가해야 한다. 이제부터 SNS 서비스와 모바일 환경에 적합한 홍보 방법을 소개하겠다.

01 페이스북으로 카드뉴스 퍼트리기 – 광고

사람들이 카드뉴스를 페이스북 페이지에 업로드하는 이유는 분명히 있다. 요즘 젊은 세대가 가장 많이 사용하는 SNS 채널이라는 매력 외에도 광고주 입장에서 아주 효과적인 마케팅 툴이기 때문이다. 페이스북은 1:1 커뮤니케이션 방식이 아니라 1:多의 커뮤니케이션 방식을 취하고 있다. 이 때문에 익명의 사람들에게 콘텐츠를 쉽게 퍼트릴 수 있다.

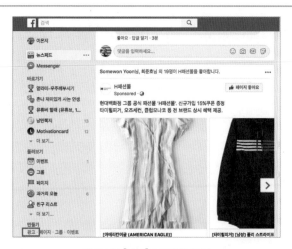

페이스북 [광고]로 접속한 화면

광고는 페이스북 내에서 페이지의 광고를 제작하고 관리하는 곳으로 페이지 구독자를 확보하거나 페이지의 콘텐츠를 퍼트리는 광고를 집행할 수 있다.

페이스북 [마케팅 목표 설정] 화면

다양한 목적의 광고를 이용할 수 있다.

페이스북 광고 타깃 설정 화면

타깃 설정을 통해서 우리의 잠재 고객에게 카드뉴스를 노출할 수 있다.

페이스북의 왼쪽 [광고](177쪽)를 클릭하면 페이스북상에서 활용할 수 있는 다양한 광고 항목을 볼 수 있다. 이 중에서 유의해서 봐야 할 항목은 참여의 [게시물 홍보하기]와 [페이지 홍보하기]다. [게시물 홍보하기]란 우리가 제작한 카드뉴스를 포함한 모든 업로드된 콘텐츠를 홍보하는 것이고, [페이지 홍보하기]란 제작한 콘텐츠들이 올라갈 페이지 자체의 구독자를 확보하는 것이다.

게시물을 홍보하기 위해서는 우선 타깃 고객을 설정하는 것이 중요하다. 타깃 설정 화면에서 위치/언어/연령/성별 등을 손쉽

페이스북 광고 타깃 정의 화면

타깃 설정에서 연령대 등을 선택하면 오른쪽에서 일일 추산 도달수를 확인할 수 있다. 위와 같이 타깃 연령대별로 추산 도달수는 다르게 나타난다.

게 세팅할 수 있다. 특히 연령 설정은 카드뉴스의 도달 범위에 엄청난 영향을 미친다. 페이스북의 주 이용자가 20~30대인 점을 감안해야 한다. 만약 40~50대를 타깃으로 잡는다면 20~30대로 설정했을 때보다 도달수가 당연히 떨어질 것이다. 물론 페이스북을 이용자가 많은 20~30대로 연령을 설정했다고 해서 반드시 그에 상응하는 효과를 거둔다고 볼 수는 없다. 타깃맞춤형 광고를 진행하지 않고 콘텐츠를 멀리 퍼트리는 데에만 집중할 예정이라면 페이스북상에서 활동이 가장 활발한 13~23세를 타깃으로 삼아 진행하는 것도 나쁘지 않은 방법이다.

위치/언어/연령/성별 등은 아주 기본적인 세팅에 불과하다. 유의해서 다뤄야 할 부분이 바로 상세 타깃팅 설정인데 이를 통해 타깃 맞춤화가 가능하다.

상세 타깃팅 검색 화면
상세 타깃팅 설정에 추천을 누르면 하단에 주관심사가 뜬다.

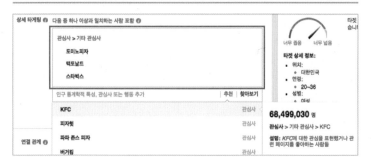

상세 타깃팅 검색/선택 화면

예를 들어 요식업 브랜드를 홍보할 예정이라면 같은 업종의 유명 브랜드를 관심사에 추가하는 것도 좋은 방법이다. 너무 작은 브랜드라면 검색되지 않는다.

이 창에서 관심사를 검색하거나 선택해서 넣을 수 있는데, 타깃을 세분화할 필요가 없다면 대분류를 선택하는 편이 좋다. 만약 요식업 브랜드를 홍보할 예정이라면 요리나 음식을 추가하는 것이다. 이렇게 하면 요리/음식에 관심 있는 사람들의 페이스북 타임라인에 해당 광고가 뜨게 된다. 관심사를 세분화하고 싶다면 다음 내용을 참고하기 바란다.

이 외에도 상세 타깃팅에서는 아주 놀라운 기능을 제공하고 있다. 추천이 아니라 찾아보기 기능을 클릭해 인구통계학적 특성부터 관심사, 행동까지 세분화하여 타깃을 정밀하게 설정할 수 있는 것이다. 이와 같이 인구통계학적 특성을 활용한다면 잠재 고객에게 한층 더 가까이 다가갈 수 있다.

이와 같이 타깃을 세분화해서 설정하고 난 뒤에는 예산과 일

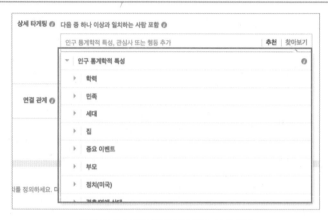

상세 타깃팅 인구 통계학적 특성 선택 화면

인구 통계학적 특성에서 다양한 속성을 반영할 수 있다. 학력 관련 사항도 고졸, 대졸 등으로 폭넓게 선택할 수 있을 뿐 아니라 졸업년도까지 지정할 수 있다.

상세 타깃팅 학력/학교 선택 화면

졸업학교 선택도 가능하다. 예를 들어 강남 쪽 수험생을 대상으로 홍보가 필요할 경우 강남지역 학교를 추가해 전단보다 더 효과적으로 이용할 수 있다.

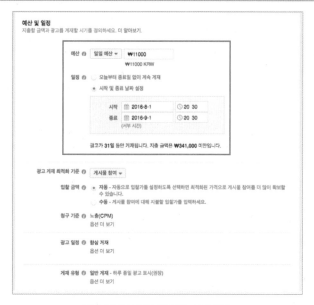

광고 만들기 예산 및 일정 설정 화면

본인이 사용할 수 있는 범위 내에서 예산을 설정한다. 적게는 하루 1000원만 쓰거나 많게는 하루 100만 원 단위로 사용할 수도 있다.

정을 설정해야 한다. 일일 예산은 하루에 얼마의 비용을 사용할 것인지를 설정하는 것이다. 클릭해서 총예산을 설정하는 방법도 있다. 총예산을 10만 원으로 설정하고 하단에 일정을 설정해두면 해당 기간 동안 설정된 예산이 사용된다. [광고 게재 최적화 기준]은 광고 설정 방법을 의미한다. 지금 선택한 게시물 참여란 사람들이 좋아요, 공유, 댓글을 달 수 있도록 적합한 타깃에게 노출되도록 설정한 것이며, 클릭하여 해당 타깃에게 1회 또

광고 만들기 중 광고 선택 화면

페이스북에서 광고를 설정할 때 인스타그램 계정과 연결되어 있다면 동시에 광고가 가능하다. 단 이미지 수가 적어야 한다.

는 여러 번 노출되게끔 광고를 선택할 수도 있다. 광고 금액 설정 후 다음 단계는 바로 광고 선택 화면이다.

이 단계를 마지막으로 페이스북상에 본인이 제작한 콘텐츠를 노출할 수 있다. 이 화면에서는 PC, 모바일, 인스타그램 등에 광고가 어떤 식으로 뜨게 될지 미리 확인할 수 있으며 어떤 게시물을 광고할지 선택할 수 있다. 모든 설정을 마치고 나면 하단의 주문하기를 눌러서 광고를 주문하면 된다. 이때 주의할 점은 페이스북에 비용을 지불한다고 해서 아무 광고나 승인해주는 것은 아니라는 사실이다. 페이스북의 가이드라인을 준수했는지 확인할 필요가 있다. 페이스북 정책은 생각보다 까다로운 편이니 콘텐츠 제작 시 광고를 염두에 두고 있다면 반드시 가이드라인에 맞춰서 제작하기 바란다.

지금까지 페이스북 [광고 만들기]를 통해서 광고를 세팅하는 방법을 알아보았다. 이런 서비스를 처음 이용하는 사람이라면 상당히 복잡하게 보일 수 있다. 마케팅 경험이 없는 초보자라면 하단의 팁을 활용하여 좀 더 빠르고 수월하게 광고를 게재해보기 바란다.

Tip 페이스북 하단의 [게시물 홍보하기]로 바로 홍보 시작!

페이스북에 카드뉴스를 업로드하고 나면 하단에 도달수가 표시된다. 업로드 후 바로 표시되는 게 아니라 약 5~20분 정도 걸린다. 도달수 표시란 옆에 [게시물 홍보하기] 버튼을 클릭하면 [광고 관리자]보다 손쉽게 광고를 생성할 수 있다. 단 [광고 관리자]에서 간편하게 진행되는 것이라 세밀하게 광고를 설정할 수는 없다.

02 페이스북으로 카드뉴스 퍼트리기-
그룹공유

페이스북에 광고를 집행하는 것은 유용한 홍보 방법이지만 광고비가 든다. 무료로 카드뉴스를 퍼트릴 방법을 찾고 있다면 그룹공유를 추천한다. 물론 이 방법은 실패할 수도 있고 성공할 수도 있다. 가입자가 많은 그룹에 게시물을 공유하기 위해서는 약간의 품이 들지만 지출을 줄이는 방법이긴 하다.

페이지에 게시물을 업로드하는 경우 기본적으로 페이지 구독자 일부에게만 도달되지만, 그룹에 공유하면 그룹 가입자 대다수에게 관련 정보가 공유된다는 장점이 있다. 그러므로 페이지에 게시물을 올리고 난 뒤 자신이 활동하는 그룹에 같이 공유를

페이스북 내 그룹검색 화면
페이스북에는 관심사 기반으로 다양한 그룹이 존재한다. 검색 후 가입이 가능하다.

186

페이스북 내 그룹 공유 화면
자신이 올린 게시물의 공유하기를 누르고 그룹을 선택하면 해당 그룹에 공유된다.

해두면 더 많은 사람에게 게시물을 노출할 수 있다.

게시물 공유는 그룹 가입 승인이 난 뒤 곧바로 가능하다. 그런데 이때 아무 게시물이나 그룹에 마구잡이로 공유해서는 안 된다. 가령 창업과 관련된 주제를 다이어트 그룹에 공유한다거나 반대로 다이어트 관련 주제를 창업 그룹에 공유하는 것은 온라인 활동의 기본 에티켓에 어긋나는 행위다. 효과도 없을 뿐더러 그룹에서 탈퇴 처리를 당할 수도 있으니 유의하기 바란다. 아무리 좋은 콘텐츠라도 그룹의 운영 방침에 벗어나지 않는 주제여야 하고 그룹멤버들이 관심을 가질 법한 것을 공유해야 한다.

또한 게시물을 올릴 때에는 짧더라도 반드시 적절한 멘트를 남기는 것이 중요하다. 사람들은 페이지에 올라오는 카드뉴스 제목장을 보고 게시물을 클릭하기도 하지만, 게시물을 올린 사람이 남긴 짧은 멘트를 보고 관련 콘텐츠를 보는 경우가 많다. 글을 쓸 때 중요한 것은 광고라는 느낌이 들지 않도록 하는 것이다. 유익한 정보가 담긴 카드뉴스라는 느낌을 전달하거나 아니면 호기심을 자극하는 글로 관심을 유발하는 방법도 괜찮다. 이런 멘트는 그룹 공유 시 콘텐츠의 제목과 같은 역할을 하니 카드뉴스를 효과적으로 홍보하는 법과 연계해서 익힐 필요가 있다.

Tip 페이스북 그룹에 공유할 때 효과적인 멘트 작성법

1. 광고성을 배제한다.
2. 몰랐던 사실을 알려주는 것처럼 한다.
3. 친구에게 얘기하는 식으로 자연스러운 말투를 사용한다.
4. 감탄사와 기타 부호를 자주 사용한다. (… / !! / ??)
5. 호기심을 자극할 만한 멘트를 적어준다.

ex) 왜!! 진짜 이런 제품이 존재하다니 ㅠㅠ

ex) 음악 공부 10년 했는데... 진짜 처음 듣는 이야기네요.

ex) ㅋㅋㅋㅋ진짜 맛있겠다ㅠㅠㅠㅠㅠㅠㅠㅠ ㅠㅠㅠㅠㅠㅠ

ex) 3년 만에 5억을 벌다니... 정말 대단하다!! 부럽네요..

ex) 정말 감동이네요.. 이런 기회가 주어지다니..

03 페이스북 공유로 카드뉴스 퍼트리기- 페이지 공유

그룹 공유보다 더 빠르고 효과적으로 카드뉴스를 퍼트리기 위해서는 대형 페이지에 공유 광고를 집행하는 방법도 있다. 비록 어느 정도 비용이 들지만 보다 많은 구독자에게 직접 페이지와 게시물을 노출할 수 있다.

이때 가장 중요한 점은 자신의 콘텐츠를 좋아할 것 같은 타깃이 많이 모여 있는 페이지를 찾아 광고하는 것이 중요하다. 만약 이별에 대한 카드뉴스 콘텐츠를 만들었다면, 연애에 관심이 많은 20대 여성이 좋아하는 페이지를 노려야 한다. 꼭 연애라는 주제만 다루는 페이지가 아니더라도 20대 여성이 좋아하는 뷰티,

책벌레 페이지에 공유된 콘텐츠 화면

30만 명 넘는 팔로우가 있는 페이지에도 공유 광고를 할 수 있다. 공유 광고를 원한다면 페이지마다 메시지를 보내 진행 여부를 알아보면 된다.

이별 관련 콘텐츠 공유
집중 타깃이 모인 페이지에 공유 광고를 진행하면 된다.

데이트 등의 페이지에도 관련 게시물을 공유 광고한다면 집중 타깃에게 노출할 수 있다.

　페이지 공유 광고의 가장 큰 장점은 텍스트 오버레이 기준을 맞추지 않아도 된다는 점이다. 단순히 게시물 광고를 집행하기 위해서는 제한된 부분이 많은데, 다른 페이지에 공유 광고를 진행할 때는 이런 부분에 제한이 없다. 그래서 폰트의 크기를 조절하여 가독성 높은 콘텐츠를 제작할 수도 있다.

　또 하나의 장점은 자신의 페이지 팔로워 수가 낮더라도, 집중된 타깃을 향해 단기간에 콘텐츠를 퍼트릴 수 있다는 점이다. 페이지를 이제 막 키우기 시작한 사람들이라면 짧은 시간 안에 콘텐츠가 많은 사람에게 전달될 확률이 매우 낮다. 하지만 단기적

공대생 관련 콘텐츠 공유
연애에 대한 내용을 담았지만, 첫 장에 구체적인 타깃(공대생)을 제목으로 적어주면 공대생이 모인 페이지와도 연관성이 생긴다.

으로 게시물을 빨리 퍼트려야 할 때는 페이지 공유 광고가 매우 효과적이다. 대형 페이지에 이미 모인 집중 타깃에게 게시물을 노출할 수 있기 때문이다.

또한 다른 페이지가 우리 페이지 게시물을 공유해주는 것이기 때문에, 광고가 아닌 것처럼 보일 확률이 높다. 구독자 입장에서는 이미 신뢰하는 페이지에서 좋은 콘텐츠를 공유한다고 생각하기 때문이다. 물론 콘텐츠의 질은 당연히 좋아야 한다. 그래야 공유 광고를 집행했을 때 더 효과적으로 콘텐츠를 퍼트릴 수 있다.

대형 페이지의 경우 광고비를 준다고 아무 콘텐츠나 공유해 주지 않는다. 자신의 페이지와 분위기, 느낌이 맞고, 질 좋은 콘텐츠만 선별해서 공유해주기도 한다. 또 흔하지 않지만, 콘텐츠가 너무 좋을 때는 무료로 공유해주는 곳도 있다. 그래서 페이지 공유 광고는 광고할 콘텐츠에 가장 적합한 페이지를 찾는 일에 제일 공들여야 한다.

04 인스타그램에 올리기

2018년부터 인스타그램에서도 카드뉴스 포맷이 효과를 보기 시작했다. 기존에 인스타그램은 콘텐츠 플랫폼으로 인식하기보다 일상을 공유하는 플랫폼으로 활용하다 보니 카드뉴스와 유사한 정보를 전달하는 포맷에 대한 거부감이 있었다. 그런데 최근 그 동향이 바뀌었고, 이와 관련해서는 세 가지 이유를 꼽을 수가 있다.

페이스북에서 카드뉴스 콘텐츠를 소비하던 대중,
인스타그램으로 넘어가다
페이스북은 이미 영향력을 가진 지 오래되었고, 페이스북이 인기를 얻을 것이라는 사실은 이미 수년 전부터 익히 알려졌다. 그래서 10~20대까지 정보를 빨리 받아들이고 새로운 채널에 익숙해지기 쉬운 젊은 연령층들은 이미 페이스북에서 충분히 활동했다. 그리고 최근의 추세는 40대 이상의 중장년층이 페이스북을 활용하기 시작했고, 젊은 연령층이 페이스북을 떠나 보다 일상 콘텐츠를 소비할 수 있는 인스타그램으로 넘어가기 시작했다. 재미있는 사실은 페이스북을 이용하는 연령이 올라가다 보니 50~60대를 타깃으로 하는 광고가 잘된다는 사실이다.

한편, 인스타그램으로 넘어가는 젊은 층은 이미 페이스북에서 많은 카드뉴스 콘텐츠에 익숙해진 상태이기 때문에 인스타그램에서도 카드뉴스를 받아들이는 데 거부감이 없다.

인스타그램에서 카드뉴스 패턴에 학습된 대중들

불과 2017년까지만 하더라도 인스타그램에서 카드뉴스 포맷이 반응을 얻기란 힘들었다. 일상 콘텐츠를 올리는 인스타그램은 시선을 끄는 한 장의 사진만으로도 사람들의 관심을 받기 쉬운 채널이었다. 사진으로 사람들의 관심을 끌 수 있어야 하는 채널이다 보니 콘텐츠 제작자들은 큰 관심을 가질 만한 채널로 여기지 않았다. 하지만 기업 입장에서는 점차 사용자가 늘어나는 인스타그램에 관심을 두지 않을 수 없었다. 문제는 한 장의 사진으로 원하는 제품 정보나 이미지를 전달하기에 어려움이 많다는 점이었다. 그래서 그들은 페이스북에 올리던 카드뉴스 콘텐츠를 계속해서 인스타그램에 퍼트리기 시작했다. 처음 인스타그램을 사용하는 사람들은 홍보성 콘텐츠들을 소비하지 않았지만, 기업과 목표를 가진 사업자들이 계속해서 카드형 콘텐츠를 퍼트리다 보니 이제는 인스타그램에서도 카드뉴스 소비가 자연스럽게 받아들여지게 되었다.

이런 현상을 진지하게 들여다볼 필요가 있다. 사실 페이스북에서 인기 있는 대형 페이지들은 모두 자신의 스타일과 패턴을 팔로워들에게 학습시키고 훈련한다. 그들이 강조하는 말투나 콘텐츠 패턴을 계속해서 각인시켜야 그것에 익숙해진 팔로워들이 많아지면서 원하는 효과를 볼 수 있기 때문이다. 하나둘씩 팔로워를 모으다가 어느 정도 수가 되면 팬심이 작용해 팔로워 스스로 콘텐츠를 퍼서 나른다. 인기 있는 대형 페이지들은 모두 학습된 팔로워를 많이 데리고 있다. 그러므로 콘텐츠 전략을 짤 때 팔로워에게 어떤 정보를 줄 것인지 고민하는 것도 중요하지만, 어떤 방식으로 학습시킬 것인지에 대한 폭넓은 고민이 필요하다.

인스타그램, 콘텐츠 제작자들의 '데뷔 무대'로 가능성이 커졌다

이 부분이 가장 흥미롭다. 인스타그램에서 반응이 좋은 카드뉴스는 전형적이고 인위적인 틀에 박힌 디자인의 카드뉴스가 아니다. 오히려 완전 날것의 느낌이거나 또는 웹툰형이다. 그래서 어느 정도 재능이 있는 사람들이 자기 채널을 만들고 하고 싶은 말을 콘텐츠로 만들며 팬을 확보하고 있다. 그들은 때로는 웹툰처럼 에피소드를 풀기도 하고, 그냥 명언을 마구 던지기도 하고 또는 일기장에 쓰듯 메모장에 문장을 나열하기도 한다. 확실한 점은 인스타그램이 기업보다는 개인의 영향력을 키우기에 아주 좋은 채널이라는 사실이다. 그러므로 기업들은 좀 더 섬세하게 인스타그램에서 인기를 얻고 있는 콘텐츠들을 분석하고 사용자

(왼쪽) 인기 게시물에서 흔히 보이는 카드뉴스 포맷
(오른쪽) 운영한 지 한 달 만에 게시물 1000개 넘은 인스타그램

들이 원하는 정보와 그들을 사로잡을 콘셉트가 무엇인지 고민해야 한다.

페이스북에서 하던 방식에서 벗어나지 못한다면 인스타그램에서는 실패할 수 있다. 또 인스타그램만 공략하는 것도 나름 의미 있는 결과를 만들 수 있다. 왜냐하면 인스타그램은 페이스북보다 단순하기 때문이다. 인스타그램에서 살아남기 위한 핵심 키는 여전히 '해시태그'에 있다.

올해 초 필자가 관리했던 〈낭만쪽지〉라는 인스타그램 계정은 시작한 지 한 달 만에 게시물당 '좋아요'를 수백, 수천 개를 받기 시작했다. 페이스북에 올렸던 콘텐츠를 인스타그램에 올리고 해시태그만 걸었을 뿐인데 말이다. 감성적인 여자들이 좋아하는 메시지 중심의 카드뉴스라 그런지 페이스북보다 오히려 더 효과적이었다.

인스타그램을 관리할 때 통일성에 집중하는 것이 좋다. 사람들은 콘텐츠가 좋으면 그 계정을 들어와 보게 되고, 전체적인 콘텐츠의 분위기와 느낌이 좋을 때 팔로우를 한다. 앞의 〈낭만쪽지〉계정처럼 색감이나 말투 등에 통일성을 두어, 한 장만 보아도 '낭만쪽지' 게시물이라는 걸 알게 하고 있다.

또한 인스타그램은 페이스북보다 더 단순하게 '해시태그'를 잘하면 콘텐츠의 효과가 올라가는데, 인기 있는 해시태그를 돌아가며 테스트해서 최적의 태그를 찾는 것도 좋은 방법이다. 인

(왼쪽) 한 달 만에 광고 없이 순수하게 모은 팔로워 수
(오른쪽) 템플릿에 통일성을 줬음

스타그램 역시 비즈니스 계정을 설정해서 광고를 걸 수도 있고, 게시물과 팔로워 등 인사이트를 분석해볼 수도 있다.

사실 인스타그램은 페이스북만큼 어려운 채널은 아니다. 또한 팔로워를 늘리기가 그렇게 복잡하지도 않다. 정확히 알아야할 사실은 어떤 해시태그를 사용해서 어떤 타깃을 어떻게 모을 것인가이다. 또 해시태그를 활용한다는 개념도 명확히 이해할 필요가 있다.

낭만쪽지 계정에서 사용했던 해시태그로 올릴 때마다 다르게 테스트를 해보았다.

인스타그램에서 해시태그를 이용하는 젊은 층들은 자신이 게시물을 올릴 때 입력하는 해시태그를 타고 들어와 또 다른 사람의 게시물을 찾아본다. 만약 그들이 네이버에서 맛집을 검색해보고 가게명을 알았다면 인스타그램을 통해 검색해 사람들이 찍은 이미지를 확인한다. 이렇게 해시태그의 역할이 중요해졌다. 그러므로 어떤 해시태그를 공략할지 잘 설정하고, 타고 들어온 고객이 금방 이탈하지 않도록 하기 위해서 어떤 계정을 만들어 갈 것인지 보다 전략적인 접근이 필요하다.

무엇보다 중요한 건 본인의 콘텐츠가 어떤 채널의 대상에게 적합한지 분석하는 것이다. 인스타그램은 감성 문구, 여행 사진, 패션, 뷰티, 웹툰, 일상 글 등이 인기가 많다. 이런 콘텐츠를 좋아

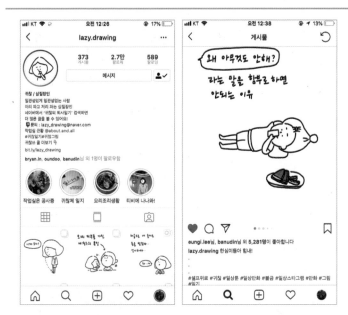

귀찮님이 관리하는 계정으로 웹툰 형 콘텐츠이다. 일상툰으로 요즘 큰 인기를 얻고 있다.

할 대상은 20대 젊은 여성이 많고, 그와 관련된 콘텐츠를 잘 엮을 수만 있다면 충분히 도전해볼 만한 채널이다. 하지만 어떤 채널이든 흥망성쇠는 '콘텐츠의 질'로 좌우된다. 항상 강조하는 말이지만 카드뉴스나 영상은 콘텐츠를 담아내는 그릇에 불과하다. 맛있게 요리해서 먹고 싶은 음식을 만드는 일은 콘텐츠 제작자의 몫이고, 맛집에 많은 사람이 몰리듯 양질의 콘텐츠는 놀라울 정도의 전달력으로 사람들에게 다가간다.

05 네이버 블로그와 포스트에 올리기

제작한 카드뉴스는 한 곳에만 올릴 것이 아니라 다양한 채널에 노출하는 편이 좋다. 우리 회사의 경우 카드뉴스를 제작한 뒤 페이스북에 올리고 네이버와 다음에도 올리고 있다. 네이버의 경우 블로그에 올리는 방식과 포스트에 올리는 방식 두 가지를 선택할 수 있다. 블로그에 올리는 경우 키워드 검색 시 블로그 카테고리에서 보여지고, 포스트에 올리는 경우 포스트 카테고리에서 보여진다.

블로그 검색 화면
제목 또는 내용이 키워드를 포함하면 검색 시 해당 카테고리에 노출된다.

포스트 에디터 찾는 방법

블로그를 활용한다면 검색할 때 키워드로 잡히게 하려는 목
적으로 만들어진 카드뉴스 이미지만 올리면 안 된다. 이웃 블로
그들이 자주 들어와서 보는 경우도 있지만, 검색한 사람들이 처

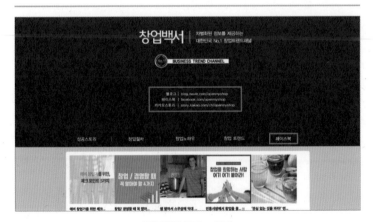

창업백서 블로그 화면

블로그 또한 페이스북과 같은 분위기와 느낌으로 꾸며주어 같은 브랜드라는 사실을 연결
시킨다. 페이스북과 바로 연동하면 좋다.

음 단발성으로 들어올 확률이 높기 때문이다. 앞서 포스팅에는 어떤 내용이 들어갈지를 설명해주고, 카드뉴스를 텍스트로 한 번 더 써주는 편이 좋다. 그래야 키워드에도 잡히기 때문이다.

네이버의 포스트 쓰기를 활용하는 경우 제작한 카드뉴스 이미지를 그대로 업로드할 수 있고, 네이버가 제공하는 카드형 템플릿을 활용해 직접 만들면서 업로드할 수도 있다. 제작한 카드뉴스를 그대로 업로드할 시에는 이미 만들어진 콘텐츠를 바로 올려서 편하다는 장점이 있지만, 이미지로 올라가서 키워드 검색에 잡히지 않는다는 단점이 있다. 키워드에 잡히도록 하려면 네이버 포스트에서 제공하는 템플릿을 활용하면 좋다. 이제 네

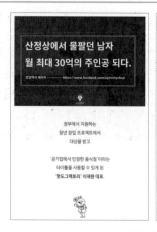

블로그 포스팅 화면
카드뉴스를 업로드할 때 제목 키워드와 중간중간 흐름을 잡아주면 좋다.

포스트관리

포스트   시리즈

총 1개의 포스트   ✎ 새글쓰기

포스트 에디터 접속 배너

이버 포스트 템플릿을 활용하는 방법을 알아보도록 하자.

네이버에 접속하여 로그인한 뒤 오른쪽 상단의 〈내정보〉란을 보자. 네이버페이 바로 옆에 작은 화살표가 있다. 화살표를 누르면 탭이 이동하는데 이때 포스트 탭이 뜬다. 여기서 포스트를 누른 뒤 포스트 에디터를 눌러준다(포스트에 가입하지 않은 경우 가입 후 이용이 가능하다).

포스트 에디터를 클릭하면 최상단에 초록색으로 [카드형 에디터로 글쓰기]라는 배너가 나온다. 이 배너를 클릭하면 곧바로 카드형 콘텐츠를 제작하는 화면으로 이동한다.

배너를 통해 포스트 에디터를 실행하면 곧바로 템플릿 선택 화면으로 이동된다. 만약 만들어놓은 카드뉴스가 없고 템플릿을 활용해 카드뉴스를 만들 예정이라면 다양한 템플릿 가운데 자신이 만들고자 하는 카드뉴스에 가장 적합한 것을 선택하여 편집하도록 한다.

포스트 에디터 템플릿 선택 화면

템플릿 중 카드 한 장 한 장을 직접 선택하여 수정할 수 있다. 텍스트를 변경하거나 이미지를 변경할 수 있고, 링크를 넣거나 장소를 태깅할 수도 있다. 네이버에서 카드형 템플릿을 활용하면 다양한 기능을 추가할 수 있다. 내용을 완성하여 업로드할 때는 제목과 내용에 적절한 키워드를 넣어 검색 시 해당 콘텐츠가 쉽게 노출되게끔 하자. 네이버 포스트를 통해 제작한 카드뉴스는 별도 이미지로 저장할 수 없어 다른 채널로 업로드가 불가능하다는 단점이 있으니 유의해서 사용하도록 하자.

포스트 편집 화면

06 카카오 이용하기

카카오와 제휴하면 제작한 카드뉴스를 다음 또는 카카오 채널 등에 업로드하고 노출할 수 있다. 하지만 일반회사는 제휴하기가 쉽지 않다. 이럴 때는 제휴 없이 진행할 수 있는 브런치를 활용하면 좋다.

브런치는 작가 신청을 통해 선정되어야만 콘텐츠를 업로드할 수 있다. 책을 낸 작가나, 특정 분야의 전문가가 아니더라도 진정성 있게 글을 쓴다면 누구나 등록 가능하니 너무 부담 가질 필요는 없다. 브런치 작가는 작가 소개, 활동 계획, 참고용 홈페

브런치 메인 화면
로그인 후, 오른쪽 상단에 작가신청 버튼을 누르면 자세한 안내를 확인할 수 있다.

이지 또는 SNS 주소, 직접 쓴 글 등 자료가 풍성해야 선정되기 수월하다. 작가 등록 기준이 조금 까다롭다고 느낄 수 있지만, 그만큼 엄선된 콘텐츠를 제공한다는 신뢰도가 있다. 그래서 브런치에 올라온 콘텐츠는 구독자들에게 다른 콘텐츠보다 더 신뢰

브런치 작가 신청 화면
작가에 대한 자세한 소개와 활동 계획 등을 구체적으로 작성해야 한다.

브런치 작가 화면
저자 이은지, 황고운이 운영하는 브런치로 작가 신청 후 글 작성이 가능하다.

가고 유용하다는 이미지를 심어줄 수 있다.

브런치 작가 신청에 있어 약간의 팁을 주자면, 브런치는 준비된 사람을 작가로 인정해준다는 점이다. 앞으로 얼마나 꾸준히 글을 쓸 예정인지, 얼마나 구체적이고 실용적인 글을 업로드할 것인지를 잘 표현해보길 추천한다.

카카오채널이나 카카오스토리, 브런치에 콘텐츠를 업로드할 때는 제목이 중요하다. 제목 키워드에 따라서 카카오채널, 다음 메인에 자신의 카드뉴스가 노출될 수도 있기 때문이다. 제목을 잘 정하기 위해서는 평소에 카카오채널에 올라오는 많은 게시물을 살펴보는 게 중요하다. 사람들이 많이 클릭하는 콘텐츠는 제목 한 줄로 궁금증을 유발하고 클릭해야 하는 필요성을 느끼게 한다. 어떤 제목에 사람들이 궁금해하고 반응하는지를 연구하고

(왼쪽) 다음 메인에 노출된 유튜버 관련 카드뉴스
(오른쪽) 카카오채널 메인에 노출된 입생로랑 관련 카드뉴스

제목을 정한다면 많은 사람이 클릭할 것이다. 페이스북이 단순히 도달된 수치라면 카카오채널은 조회 수로 측정한다. 그래서 자신의 콘텐츠에 관심 있는 사람들의 수치를 더 정확히 알 수 있다는 장점이 있다.

07 기타 카드뉴스 TIP

광고 같지 않은 현실적인 사진이 더 효과적이다

  사람들이 보다 감성형 콘텐츠에 반응하기 시작했다. 따라서 이전처럼 프로페셔널한 사진보다는 이제는 조금 더 친근한 느낌의 사진을 사용하길 추천한다. 너무 화질 좋은 사진을 사용하면 첫 장부터 광고 느낌이 나서 사람들이 클릭하지 않는다. 요즘 구독자들은 인스타그램 감성의 사진에 더 반응을 보인다. 그래서

(왼쪽) 인스타그램 감성의 사진을 활용한 카드뉴스
(오른쪽) 현실적이며 투박한 사진을 활용한 카드뉴스

인스타그램에 잘 나온 사진을 허락받고 사용하는 게 오히려 더 좋다. 공손하게 메시지를 보내고 현금 또는 현물로 콘텐츠값을 내고 사용하길 바란다.

물론 인스타그램 감성의 사진만 반응이 좋은 법은 아니다. 화질이 조금 떨어지고, 이미지가 예쁘지 않아도, 카드뉴스 제목이나 멘트에 잘 어울리는 사진이라면 좋은 반응을 기대할 수 있다. 그래서 가끔 일부러 투박하게 카드뉴스를 만들 때도 있다. 사람들의 관심사는 끊임없이 변하기에, 어떤 것들에 사람들이 반응하는지를 촉을 세우고 지켜볼 필요가 있다.

콘텐츠를 잘 만들기 위해서는 성공방정식이 필수다

잘 만들어진 콘텐츠는 다 이유가 있다. 지금까지 자신이 만들어서 인기를 얻은 콘텐츠, 그리고 다른 페이지에서 유명한 콘텐츠를 그룹에 모아두고 분석해보자. 첫 장은 어떤 어투로 다가갔고, 어떤 이미지들을 많이 클릭했고, 어떤 멘트를 적었는지, 댓글 반응은 어땠고 어떤 장에서 사람들이 공감했는지 등, 끊임없이 분석하고 공부하는 것이야말로 좋은 콘텐츠를 만드는 지름길이다.

공부할 때는 잘된 카드뉴스를 종이에 직접 필사해보길 추천한다. 한줄 한줄 압축해놓은 문장을 보며 어떻게 이렇게 간결하게 핵심 문장만 집어낼 수 있었는지를 살펴보면 도움이 된다. 또 스

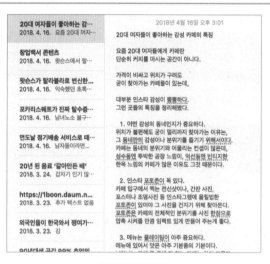

메모장 캡처 화면
평소 좋은 콘텐츠는 직접 적어보고, 메모장에 스토리를 적으며 공부한다.

토리 카드뉴스의 경우에는 어떤 흐름으로 스토리를 짰는지도 느낄 수 있다. 기승전결이 분명한지, 처음에 어떤 멘트로 시작했는지 계속 적고 보다 보면 어느 날 문득 떠오르는 날이 올 것이다.

자신의 직감을 믿어라

콘텐츠 제작자는 하루에 절반 이상의 시간을 콘텐츠를 보고 있다. 페이스북뿐만 아니라 뉴스, 책, 다양한 카페와 포탈, 텔레비전 등 무수히 많은 곳에서 콘텐츠를 접한다. 그렇게 데이터를 모으다 보면 저절로 생기는 직감이라는 게 있다. 이 직감은 그냥

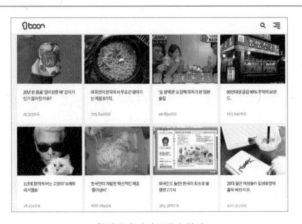

창업백서 카카오채널 화면

페이스북, 인스타그램, 카카오채널, 각종 포털, 뉴스, 책 등 다양한 곳에서 콘텐츠를 접하는
게 좋다.

단순한 감이 아닌, 데이터를 기반으로 한 직감이다. 자신이 그만
큼 콘텐츠를 많이 접한다면, 자신의 직감을 한번 믿어보라.

　누구보다 콘텐츠를 많이 봤다면 시각이 달라진다. 평소엔 구
독자의 입장에서 콘텐츠를 보지만, 이젠 제작자의 입장에서 콘
텐츠를 보는 것이다. '왜 이런 주제를 정했을까?'를 고민하다 보
면 최근 사람들의 관심사를 알게 되고, 많이 클릭하는 제목에서
왜 궁금증을 느끼는지 직감적으로 알 수 있게 된다. 그리고 자신
의 콘텐츠를 만들 때 그 직감이 빛을 발한다.

웹툰형식의 콘텐츠를 들여다보라

평소 흥미 있게 보는 웹툰을 유심히 들여다보라. 각 장의 이야기가 여러 장으로 이어지는 웹툰의 경우 전형적인 스토리텔링 콘텐츠라고 할 수 있다. 웹툰을 보며 스토리텔링이 어떻게 구성되는지를 보다 보면 카드뉴스를 제작할 때 많은 도움이 된다.

웹툰은 다음 내용이 궁금해서 저절로 스크롤을 내리고, 다음 편이 궁금해서 결제하게끔 한다. 아마 그 작가들도 그 한 문장 한 문장을 쓰기 위해 수없이 고민했을 것이다. 그걸 보며 사람들이 왜 다음 장을 넘겨보고 싶어 하는지에 대해 특히 집중해서 보면 좋다. 필자 역시 유미의 세포라는 웹툰에서 도움을 얻었으니 참고하길 바란다.

유미의 세포들 웹툰 화면
다음 화가 기다려지는 스토리텔링에 대한 연구에 도움이 된다.

카드뉴스
성공 사례

출처: 창업백서

1. 흥미를 유발한 나열형 카드뉴스

흥미 유발형 카드뉴스 효과

도달-598,417명 좋아요-805명 공유-3,024회 댓글-255개

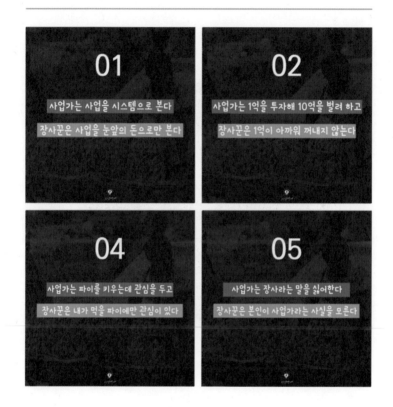

내용 구성

장사꾼과 사업가의 차이를 주제로 창업에 관심 있는 사람들의 흥미를 유발하는 나열형 카드뉴스다. 사업가와 장사꾼의 차이, 여행자와 관광객의 차이 등으로 꾸민 콘텐츠는 구독자로 하여금 '나는 어디에 해당하지?'라는 궁금증을 자아낼 수 있으며 이를 통해 상당한 도달수를 끌어올릴 수 있다.

2. 공유를 유발한 나열형 카드뉴스

공유 유발형 카드뉴스 효과

도달－825,539명 좋아요－892명 공유－7,601회 댓글－141개

내용 구성

명언이나 팁을 정리해 나열형 카드뉴스로 제작하면 공유가 활발하게 일어나는 편이다. 〈자기 분야에서 최고가 되는 10계명〉이라는 콘텐츠는 2015년 연말에 업로드했다. 시의성과 사람들의 관심이 맞아 떨어져 많은 사람에게 노출된 경우다. 한 번도 카드뉴스를 제작해본 적이 없는 초보자라면 따라서 만들기에 적합한 유형의 콘텐츠라고 할 수 있다. 명언이나 팁 등의 정보를 공유하고 싶다면 간단하더라도 공감이 가는 주제를 선정하고 적절한 문장으로 사람들의 이목을 끌 수 있어야 한다.

3. 공감을 이끌어낸 나열형 카드뉴스

공감을 이끌어낸 카드뉴스 효과

도달-209,863명 좋아요-738명 공유-1,398회 댓글-185개

내용 구성

여행자들의 공감을 이끌어낸 나열형 카드뉴스로, 여행을 하는 것이 성공하는 데 어떤 도움이 되는지를 설명해주었다. 여행을 좋아하는 사람들은 '내가 현실감이 너무 없는 게 아닌가?' 하는 생각을 많이 하는데, 이 카드뉴스는 그런 사람들에게 용기를 줌으로써 큰 공감을 받았다. 사람들은 자신이 하는 일에 대해 당위성을 안겨주는 콘텐츠에 열렬히 반응하는 편이다.

4. 에피소드를 소개한 스토리텔링형 카드뉴스

에피소드형 카드뉴스 효과

도달-569,988명 좋아요-2,763명 공유-2,168회 댓글-2,991개

모두가 불가능할거라 했지만
함께여서 가능 할 수 있었던 미국 여행!

같이 여행을 가자고 늘 말해왔지만
번갈아 하는 휴학에 2년동안 계획도 못했던 우리.

여러분도 이런 마음이 풍요로워지는
여행을 떠날 수 있길 응원합니다.

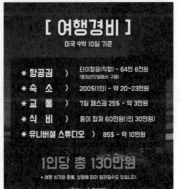

[여행경비]
미국 9박 10일 기준

* 항공권 〉 타이항공(직항) - 64만 8천원
              (말레이드닷컴에서 구매)
* 숙 소 〉 200$(1인) - 약 20~23만원
* 교 통 〉 7일 패스권 25$ - 약 3만원
* 식 비 〉 둘이 합쳐 60만원(1인 30만원)
* 유니버설 스튜디오 〉 85$ - 약 10만원

1인당 총 130만원
* 여행 시기와 환율, 상황에 따라 달라질수도 있습니다.

내용 구성

미국에 다녀온 두 친구의 여행기를 담은 스토리텔링형 카드뉴스다. 예쁜 사진, 친구, 저렴한 여행, 이 세 가지 조합은 부러움의 대상이자 사람들의 여행 욕구를 자극했다. 카드뉴스 마지막 부분에 여행 경비에 관한 생생한 정보를 더한 덕분에 사람들이 좋아요를 누르고 댓글을 다는 등 폭발적인 반응을 받았다.

5. 개인을 브랜딩한 스토리텔링형 카드뉴스

개인 브랜딩용 카드뉴스 효과

도달－578,957명 좋아요－3,355명 공유－1,087회

내용 구성

29살에 연봉 3억을 받은 한 남자의 이야기를 스토리텔링 형식으로 풀어낸 카드뉴스다. 1억 원짜리 수표를 부모님께 드렸다는 가장 임팩트 있는 내용을 첫 장으로 뽑아 사람들의 이목을 집중시켰다. 그 이후 어떠한 노력으로 성공의 자리에 오를 수 있었는지를 자연스럽게 소개함으로써 개인을 긍정적인 이미지로 브랜딩한 사례로 꼽힌다. 다른 페이지에도 업로드되어 총 5만 건의 좋아요를 받아 카드뉴스로는 아주 널리 퍼진 콘텐츠 중 하나다.

6. 기업을 브랜딩한 스토리텔링형 카드뉴스

기업 브랜딩용 카드뉴스 효과
도달-619,423명 좋아요-2,993명 공유-235회 댓글-571개

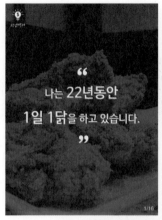

세상에서 가장 맛있는
치킨을 만드는게 제 꿈이거든요.

그래서 저는 비위가 약하지만
때론 생닭을 먹기도 합니다.
신선한 닭의 느낌을 알기 위해서죠.

내용 구성

BBQ 브랜드의 탄생 비결을 스토리텔링 형식으로 풀어낸 콘텐츠다. BBQ가 최고의 치킨을 만들기 위해 어떤 노력을 기울였는지를 친근한 이야기 형식으로 풀어냈다. 독백하는 방식으로 이야기를 풀어내면 구독자는 더욱 친근하게 내용을 인식한다. 이 카드뉴스 콘텐츠는 브랜드에 긍정적인 이미지를 부여하여 효과적으로 노출한 사례에 해당한다.

7. 정보성 나열형+스토리텔링형 카드뉴스

정보제공형 카드뉴스 효과
도달－209,863명 좋아요－738명 공유－1,398회 댓글－185개

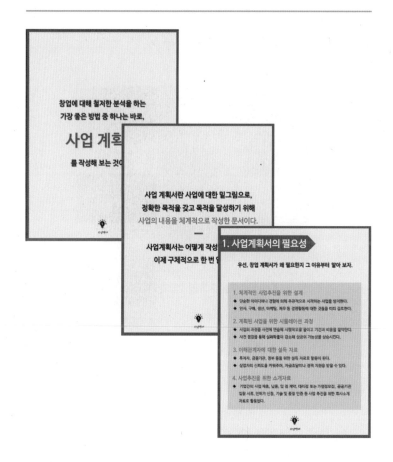

내용 구성

어떤 정보를 전달할지 서론을 스토리 형식으로 풀어보았고, 뒷부분에는 실제로 사용 가능한 정보를 나열형으로 풀어내었다. 일반적으로 정보성 카드뉴스는 어떠한 정보를 담아내느냐에 따라 도달수가 천차만별이라고 볼 수 있다.

8. 자취생공감 스토리텔링형 카드뉴스

자취 관련 스토리 카드뉴스 효과

좋아요-5,600명 공유-734회 댓글-863개

내용 구성

서울에서 폐가를 리모델링해 공짜로 1년간 자취한 경험을 풀어낸 스토리텔링형 카드뉴스다. 서울, 자취생이라는 점이 부각되면서 넓은 타깃을 선정해주어 많은 자취생의 공감을 끌어냈다. 실감 나는 첫 장의 이미지와 제목은 자취생들의 이목을 집중시키기에 충분했다.

9. 인간관계 스토리텔링형 카드뉴스

인간관계 스토리텔링형 카드뉴스
좋아요-1,100명 댓글-56개

내용 구성

인스타그램에 인간관계에 대한 경험담을 스토리 형식으로 풀어낸 카드뉴스이다. 말하는 어투로 텍스트를 작성해서 구독자들이 가볍게 콘텐츠를 읽을 수 있도록 했다. 인스타그램에 맞게 감성적인 사진과 색감, 템플릿을 사용하여 시작한 지 한 달 만에 광고 없이 게시물 팔로우를 1000개 이상 올릴 수 있게 되었다.

에필로그

지난 5년 동안 카드뉴스 콘텐츠를 만들며 가장 크게 느낀 건, 결국 사람들이 콘텐츠를 통해 원하는 건 '공감'과 '위로'라는 사실이었다. 우리가 만든 카드뉴스를 보고 어떤 사람은 새로운 도전을 시작했고, 어떤 사람은 잊고 지낸 추억을 떠올리기도 했다. 또 자신이 해결하지 못하는 문제를 풀 수 있는 제품 또는 브랜드에 호감을 느꼈고, 그들은 우리의 콘텐츠를 열렬히 소비했다. 그 안에는 다양한 콘셉트와 주제로 콘텐츠가 만들어지지만 결국은 사람들의 마음을 여는, 위로라는 키워드가 숨어 있었다고 본다.

무엇보다 많은 사람을 위로한 좋은 콘텐츠는 우리의 경험에서 시작됐다. 그래서 우리는 조금 더 풍성한 경험을 하기 위해 끊임없이 새로운 시도를 한다. 매일 같은 일상 속에서 늘 보는 것들만 본다면 우리의 사고는 틀에 갇히기 때문이다. 그러

> "
> 의미 있는 경험은
> 가치 있는 콘텐츠로
> 연결됩니다.

니 노트북 앞에 앉아서 카드뉴스가 잘 만들어지지 않는다면, 지금 당장 나가라. 바람을 쐬며 하늘도 한번 보고, 먹고 싶었던 음식점에 가기도 하고, 좋은 사람들을 만나기도 하라. 책을 보거나 영화를 보거나 멀리 여행을 떠나는 것도 좋은 방법이다. 당신이 겪는 모든 의미 있는 경험이 가치 있는 콘텐츠로 만들어질 수 있다.

카드뉴스를 만들고 마케팅을 시작하는 당신!

잠깐 반짝이는 콘텐츠를 만드는 제작자도 능력 있지만, 이 책을 통해 자신이 만든 콘텐츠로 더 많은 사람과 공감하고 위로를 주기를 바란다. 오래 두고 저장하고 싶은 카드뉴스, 갖고 싶은 매력을 지닌 콘텐츠 제작자가 되길 진심으로 응원한다.

고객을 부르는
카드뉴스 마케팅

초판 1쇄 인쇄 | 2018년 8월 24일
초판 1쇄 발행 | 2018년 9월 3일

지은이 이은지·황고운
편집 조성우·손성실
마케팅 이동준
디자인 권월화
용지 월드페이퍼
제작 성광인쇄㈜
펴낸곳 생각비행
등록일 2010년 3월 29일 | 등록번호 제2010-000092호
주소 서울시 마포구 월드컵북로 132, 402호
전화 02) 3141-0485
팩스 02) 3141-0486
이메일 ideas0419@hanmail.net
블로그 www.ideas0419.com

책값은 뒤표지에 있습니다.
잘못된 책은 바꾸어드립니다.